MYNAVI BUNKO

パリで一番
予約の取れない
セラピストが教える

SHIGETA
美容バイブル

チコ シゲタ
CHICO SHIGETA

マイナビ

美はつくるもの！インナービューティーと外見を磨くのはあなた次第

「美」と聞いて、あなたは何を思い浮かべるでしょうか？

バランスのとれたメリハリのあるボディ、輝く笑顔、しなやかなしぐさ……。

それらも女性の美しさのひとつでしょう。

ただ、私がこれまで日本とフランスで美容を学び、これまで美容の仕事に携わってきて実感するのは、女性がキレイになるためには外見だけではなく、インナービューティーが欠かせないということ。自分の中身の自信を持つことによって、外見も輝き、その人だけが持っている美しさが引き出されていきます。

本書では、コスメブランド「SHIGETA」のメソッドを通して、アウトサイドはもちろん、インナービューティーの磨き方も紹介していきます。

毎日を心地よく快適に過ごすために私が生み出したセルフマッサージをはじめ、

私の人生を変えた呼吸法、私が元気とキレイを手に入れた食事法なども公開しますので、興味のあるもの、チャレンジしやすいものからトライしてみてください。自然の法則に沿った方法なので、誰でも簡単に、ライフスタイルに取り入れられるものばかりです。

「ここに触れると、気持ちがいいな」「この食事をすると、肌の調子がよいみたい」など、実際に試して自分自身の変化を感じてくると、「またやってみよう」という気になるでしょう。続けることで、外見が磨かれ、インタービューティーも育まれ、あなたらしい美しい姿へと変わっていきます。

あなたのなかには、まだ自分でも気づいていないキレイの種が眠っています。

この本との出会いをきっかけにして、体が本来持っている機能を高め、あなたのキレイの花を咲かせましょう。

チコ シゲタ　CHICO SHIGETA

SHIGETA美容バイブル　目次

プロローグ……2

第1章「SHIGETA」のビューティー哲学

「SHIGETA」が世界中から支持される秘密……14
バイタリティー・コーチング®……17
自分に対する信頼関係をつくる……20
私のキレイをつくる……22
枠を外す……25
なりたい〝キレイ〟を考える……28

自分をていねいに愛する……… 30
Column 私とフランス① ～渡仏のきっかけ～ ……… 32

第2章 パリジェンヌと日本女性の違い

フランス人女性と日本人女性の見せ方の違い ……… 34
「～しなければならない」病を克服する ……… 37
自分の軸を持つ ……… 40
〝ノーティー〟が魅力 ……… 42
自分の生活に合うパートナーを探す ……… 45
愛すること、愛されること ……… 47
大人の女性の本当の魅力 ……… 49
Column 私とフランス② ～自信を持って伝える～ ……… 52

第3章　SHIGETA流 セルフマッサージ

セルフマッサージの習慣で体はどんどん変わる………54
自分の体は「自分が一番大事にしている」と伝える………56
エッセンシャルオイルで植物の力を取り入れる………58
呼吸を意識してより効果的に………60
〝今の自分〟の状態をセルフチェック………62

ヘアケア

頭皮マッサージ………68
毛先のケア………71

フェイスケア

フェイシャルマッサージ………74

1 はじめの基本………78
2 あご………80
3 口元………82
4 目元………84
5 額………86
6 最後の基本………88
スペシャルケア「肌のくすみ」が気になる人に………90

上半身のケア

リラックス&デトックスマッサージ………92
1 デコルテ………96
2 バスト………98
3 二の腕………100
4 ひじ………102

5　手………104
6　首………106
7　肩………108
8　おなか周り&ウエスト………110

下半身のケア

血の巡りをよくするマッサージ………112
1　足～ふくらはぎ………114
2　ひざ～太もも………116
3　ヒップライン………118
スペシャルケア「足の静脈が目立つ」ことが気になる人に………120

心と体の不調をケア

気になる悩みを解消!………122

片頭痛……124
生理痛（PMS）……126
目覚めが悪い……128
筋肉や関節の痛み……130
疲れやすい……132
眠れない……134
おなかのトラブル……136
手足が冷える……138
人疲れ／風邪をひきやすい……140
Column　私とフランス③～自分探しのヒント～……142

第4章 SHIGETA流 美容ライフスタイル

❶ 呼吸法 体の内側からマッサージ
人生を変えた呼吸法 ……… 144
自分の存在感をアピールする ……… 146
こわばった体を「意識した呼吸」でほぐす ……… 148
意識した呼吸 ……… 150
集中したいときに ……… 152

❷ 食事 体内をキレイにして活性化
体は食べたものでつくられる ……… 154
「ローフード」で肌も体もイキイキ ……… 156
体に酵素を取り入れる ……… 158
外食をするときに気をつけたいこと ……… 162

私のオリジナルレシピ……164
サラダ……166
スムージー……169
おやつ……172
スープ……174

❸ 香り 自然の力を毎日の生活に
植物の生命力でセルフケア……175
アロマ製品の上手な選び方……177
香りを毎日の生活に取り入れる……179
香りで変わる体と心……181
効果をだすプロダクトづくり……183

第5章 美しい体には美しい心が宿る

体がさびると、心もさびる………188
デトックスで自分と向き合う………191
自分の可能性を掘り下げる………194
コンプレックスを受け入れることから始めよう………198
挫折しそうになったら、やめてみる………201
1年の終わりに「振り返り」をする………203
感情ひとつで女性は変わる………205
私が前向きな気持ちになれること………208
女性として受け入れられると体が喜ぶ………210

エピローグ………212

第1章

「SHIGETA」のビューティー哲学

「SHIGETA」が世界中から支持される秘密

「『SHIGETA』は日本のブランドなの？　パリのブランドなの？」

これは、「SHIGETA」というブランドを説明するときに、よく聞かれる質問のひとつです。2004年にパリでスタートした「SHIGETA」は、〝体の中をキレイにすることで、その人らしい本当の美しさを手に入れる〟をコンセプトとしたコスメブランドです。そのために私には何ができるのかを考え、みなさんと同じ目線で「疲れた体と心をサポートしてほしい」と思うことをキャッチし、発信しています。

現在は、パリの自社工場でプロダクトを企画、製造し、パリだけではなく日本各地にもショップを展開し、台湾でのイベントにもたくさんの女性が参加してくれるようになりました。多くの方に愛していただけるようになったのは、私が自らワークショップを行うなど、ブランドを立ち上げた人の顔が見えることもあるかもしれませんが、何よりも、美に関心を持っているみなさんと私が、等身大の女性だからではないでしょうか？

現代の女性は、結婚していてもいなくても、ほとんどの人が社会のなかで多様な人々と関わりを持ちながら生活をしています。自分の時間があまり持てない日々のなか、様々なストレスを抱えている方もいっぱいいることでしょう。お客様のカウンセリングでは、30代に入って「この先、私はどうなっていくのだろう？」と、漠然とした不安感を持っている方がとても多いことも感じます。

実は、私もそんな女性のひとりです。ですから、何よりもまず、私自身が「心身ともに気持ちよく過ごすために、自宅で持続的にケアできる方法とはどのようなものか？」を考えました。このことが、多くの女性から「『SHIGETA』のセルフケアはライフスタイルのなかに取り入れやすい」とおっしゃっていただいている理由かもしれません。

そもそも私は、美容サロンを経営している両親のもとに生まれ育ち、小さい頃から自然に美容に興味を持つようになりました。大学時代には大学と同時に美容学校に通って勉強をし、〝自分の手を動かして相手をキレイにすることが自分の喜びである〟と感じたことが、今の仕事へとつながりました。

さらに、大学時代にフランスの大学で教鞭を執っていた教授に師事したことがきっかけで、美容の始まった国であるフランスに渡り、美容はもちろん、ボディケア、マッサージ、食事法、エッセンシャルオイル、呼吸法など、様々なことを学びました。

これらの経験から、単なる外からの美しさを求めるだけでなく、〝健康で心地よく元気に生きていく女性をひとりでも増やしていきたい〟と考えて誕生したのが「SHIGETA」のオリジナル・メソッド「バイタリティー・コーチング®」というセルフケアです。その人が持っている美しさを引き出すことを目的として、自然の法則に沿ってつくられています。**インナービューティーを育てることが、リアルビューティーを生み出し、毎日を幸せに過ごすことにつながる。**そんな思いで、私はセルフケアの提案をしています。

バイタリティー・コーチング®

「SHIGETA」のオリジナル・メソッド「バイタリティー・コーチング®」は、「植物の癒しの力」「セルフマッサージ」「毎日の食事」「意識した呼吸」の4つの柱から成り立っています。現代女性がトライしやすいように、「簡単なこと」「すぐに結果がでること」「楽しく、心地よく取り組めること」の3つを重視して、つくりました。また、いずれの要素もパリや日本だけでなく、どの国にもある、世界共通のカルチャーです。4つの要素を組み合わせることで、みなさんひとりひとりが持っているキレイを育てることができると信じています。

まず、ひとつ目の「植物の癒しの力」とは、植物が持つ力を毎日の生活に取り入れて、気になるトラブルを解消していくことを指します。アロマテラピー＝芳香療法に代表されるように、植物には様々な特徴や効能があることは、ご存知の人も多いでしょう。「SHIGETA」では、エッセンシャルオイルをはじめ、フローラルウォーター、ハーバルティーなどから植物の生命力をもらって、体をデトックスしたり、活性化させたりしていきます。

ふたつ目の「セルフマッサージ」とは、自分で自分の体をもんだり、さすることで、血液やリンパの流れを促進したり、余分な水分や老廃物の排出を促して、不調を改善していくことです。日本には、古くから「手当て」という言葉があります。小さい頃、痛みを感じる場所にお母さんが手を当てると、ホッとして痛みがやわらいだ記憶はありませんか？　手で自分の体に触れると、痛みだけでなく、気持ちもやすらぎます。

自分で自分の体に触れることは、自分の体とコミュニケーションをとることになります。体の声を聞いていると、変化がすぐにわかるようになります。「ＳＨＩＧＥＴＡ」では、セルフマッサージの効果をより高めるために、マッサージをするときには目的に合ったエッセンシャルオイル＆キャリアオイルを使うことと、呼吸を意識することを大事にしています。

３つ目の「毎日の食事」とは、日々、何を食べて何を排出するのかを意識することです。

私たちの体は、食べたものによってできています。ところが、普段メニューを選ぶときに、体のことよりも、食べたいものを優先していませんか？ その結果、気づかないうちに体に負担をかけたり、毒素を溜め込んでしまいます。ただし、体によいという理由だけで食べ慣れていないものを摂ったり、無理なカロリー制限をしても、長続きはしないもの。「SHIGETA」では、楽しくおいしく続けられる食生活として、火を通していない野菜とフルーツを積極的に摂る「ローフード」をすすめています。

４つ目の「意識した呼吸」とは、息を吸うことと吐くことを意識して行う呼吸のこと。私は、酸素は〝最初に必要な栄養素〟だと考えます。単に息を吸って吐くだけのではなく、体の内部に新鮮な酸素が十分に行き渡るために、ヨガをするときのような意識した呼吸をすることは、体の調子を整え、キレイを育てるうえで欠かせません。

本書では、この４つの柱を実践していくための、具体的な方法を紹介していきます。これらを毎日の生活に取り入れることで、体も心も変わってくるはずです。

自分に対する信頼関係をつくる

「SHIGETA」のメソッドについてお話をしましたが、私はこれらのメソッドを通して、ボディだけでなく、マインドを磨くことも伝えています。

どうすれば、女性として美しくなれるのか？　そう考えたときに、体と心は切っても切れない関係にあるからです。実際、年齢を重ねてくると、外見よりも中身に対しての自信を持つことによって、それが表面に現れ、外見の美しさを生み出します。

なかでも30代からの魅力は、その人のそれまでの生き方と、外見がフィットすることによって生まれます。「私って、こんなにすごいのよ」といった自信ではなく、「私は今まで自分の信じる道を歩いてきたし、まわり道もあったけれどよかったと思う」と自分の生き方に自信を持っている女性は、イキイキと輝いています。自分らしさを大事に、自分に嘘をつかずに生きてきたことで、自分に対する信頼関係ができているのでしょう。

自分に対する信頼関係をつくっていくとは、どういうことでしょうか？

例えば、仕事でも恋愛でも、周囲や相手とうまくやっていくために、自分の意見や思いを、ちょっぴりないがしろにしてしまうことはありませんか？「私はこう思う」「こうしたい」ということで、場の雰囲気が悪くなってしまうと考え、つい身を引いてしまうこともあるでしょう。日本のカルチャーには、自分の考えが言いにくいところもあります。でも私は、勇気を持って自分の意志を伝えることのできる人は、自分を大事にしている人だと思います。それがなかなかできずに、私らしさを閉じ込め続けていると、次第に「私って、いったい何だろう？」「どうして、いい顔ばかりしてしまうのだろう」と、自分に対する疑問や不信感がわいてくるようになってしまいます。その心の表情が、そのまま外見にあらわれてくるのです。

体の声とともに、自分の心の声にも意識を向ける。それが、あなたのなかに魅力がつくられていくために一番大事なことです。

私のキレイをつくる

私が考える「美」とは、心、頭、体が満たされて幸せな状態のこと。それぞれが満たされ、幸福感に包まれているときに、女性の美しさは、グンと上がります。だからいつも私は、心と頭と体が満たされることを第一に考えて仕事をしています。

体が満たされている状態は、鏡を見たときに肌にハリがあったり、髪にツヤがあったり、ボディが引き締まっていたりと、自分でわかりやすいものです。痛みや不調がないときも「今、体の調子がいいな」と実感できるでしょう。

一方、心や頭が満たされている状態は、自覚しにくいもの。もっと言えば「あれがほしい、これがほしい」と、いつも満たされない思いを抱いている人も多いのではないでしょうか？　でも、同じ状態を目の前にしても、満たされていないと思う人もいれば、満たされていると思う人もいます。

例えば、目の前にあるコップに水が半分まで入っていたとします。あなたは「半分しかない」と思いますか？ 「半分もある」と思うでしょうか？

「半分しかない」と思うタイプの人は、日常生活でも目の前にあるものに気づかず、ないものにフォーカスして「もっとほしい」と感じているのではないでしょうか。逆に「半分もある」と思うタイプの人は、目の前にある水に感謝し、自分が満たされていることに気づけるのだと思います。

「美」についても同じです。

自分のチャームポイントよりも、「目が小さい」「鼻が低い」などコンプレックスの数が多いとしたら、それは、自分しか持っていないキレイの種に気づいていない人です。

私は、今までたくさんの女性に接してきましたが、誰もが、その人だけの美＝キレイの種を持っています。鼻や目など細かいパーツを気にする人も多いようですが、人とすれ違ったときに「美しい」と感じるのはパーツだけでなく、全体の印象だと私は思います。

パーツにこだわるのではなく、笑顔になる。痛みやこりのない元気な体になる。骨格に合った体重になる……など、トータルでキレイな自分になることが大切です。すると、心や頭も体も満たされていきます。そのためにも、コンプレックスを変えることよりも、自分のチャームポイントを育てていくことに意識を向けましょう。

これから紹介するセルフケアは、自分だけしか持っていないキレイの種を育てる方法です。植物の種に水や栄養を与え、太陽の光やいい風を当てていくと、グングンと伸びて素敵な花が咲くように、あなたが持っているキレイの種を、セルフケアで育てていきましょう。特にデトックスは重要です。デットクスをすると、あなたにとって余分なもの、美に不要なものが、どんどんそぎ落とされていきます。最もナチュラルで美しいあなたに出会えることでしょう。女優やモデルに憧れるのも素敵ですが、憧れの誰かになるのではなく、私のキレイをつくり、自分を受け入れ、自分自身に近づくことが、魅力的な女性になるための近道です。

枠を外す

女性を美しく変えるものとは何でしょうか？

私は、やはりセルフマッサージが一番だと思います。自らの手を触れながら体とコミュニケーションをとり、体の声に応えていくことで、女性は美しくなります。ただし、体が変わるためには、マインドの面で必要な要素があります。「枠を外す」ことです。

枠を外し、心も体もフレキシブルな人ほど、早くキレイになれるのです。

例えば、同じようにセルフマッサージをしても、体の変わりやすい人、そうでない人がいます。言い換えれば、流れに身をまかせるのが上手な人、そうでない人です。

体の変わりやすい人＝流れに身をまかせるのが上手な人は、自分の力ではどうにでもできないことがあることを知っている人です。だから、何が何でも自分の思った通りに、自分の方法で押し通そうとはしません。状況に合わせて、柔軟に対応していきます。

では、あなたは、知らず知らずのうちに自分に対してルールを決めていることはありませんか？　「女性はいつもキレイでなければならない」「女性はおしとやかでなければならない」「女性は完璧に家事をこなさなければならない」など、「女性は〜でなければならない」と考えていることはないでしょうか？

それはおそらく、あなたが理想とする完璧な女性像につながっているはずです。しかし、誰でも忙しいと肌の手入れやメイクがおろそかになることはありますし、はめをはずして騒ぎたいときもあるでしょう。疲れて帰ってきたら、家事の手抜きもしたくなるものです。いつでも完璧ではいられないのが、人間です。そのときに、できない自分、ダメな自分を許さずに無理をすると、体も心も悲鳴をあげてしまいます。

何よりも、キレイな自分、おしとやかな自分、家事をきちんとこなす自分……を思い描き、それを頑固なまでに守ることに固執して心がカチカチになってしまうと、体もカチカチになり、セルフマッサージでほぐそうとしても、なかなかほぐれません。

そしてまた顕著なのが、心がカチカチな人の呼吸です。

「腹でこらえる」「腹をすえる」といった表現がありますが、頑固な人、がまんをする人ほど腹にグッと力が入っているのでしょう。おなかがかたく、呼吸が上手にできていません。下腹がこわばってゆるまないために、十分な酸素を取り込むことができないのです。特に、日本人の勤勉な性質も関係しているのか、日本の女性に多く見られます。

「こうでなくてならない」と自分で自分に決めているルールが本当に必要かどうかを見直して、その枠を一度全て外してみてください。気持ちがラクになるとともに、体の力も抜けていくことでしょう。視野が広くなってストレスもぐんと減るはずです。

でも、今までずっと信じてきた考え方や習慣を変えるのは、大変なことです。理想の自分でいられないことに罪悪感やストレスを覚えるようであれば、心をゆるめるよりも先に、体をゆるめていきましょう。第４章で詳しく紹介する「ベーシックブレス」をすることで、おなかがゆるめられるようになると、自然と気持ちもゆったりしてきます。

なりたい〝キレイ〟を考える

「キレイになりたい。だからセルフケアをがんばります！」

そう言って、ショールームを訪れたり、イベントに参加してくださったりする方に、私が最初に尋ねることは「どのように〝キレイ〟になりたいのですか？」ということ。ゴールが明確でないと、途中でどこへ行っていいのか迷子になってしまうことがあるからです。

そのときによく聞くのが「キレイになりたい」という言葉。〝キレイ〟ほどあいまいな言葉は、もしかしたらないかもしれません。質問することで、「トラブルのない美しい肌になりたい」「むくみのない脚になりたい」といった体のことから、「冷えやこりを解消していつも笑顔で暮らしたい」などライフスタイルに関わることまで、様々なキレイの答えが出てきます。ここまできて、ようやくその人に合ったキレイを育てる方法がわかり、パーソナルコーチングをスタートできるのです。

今の自分を変えたいのであれば、漠然と「キレイになりたい」ではなく、その〝キレイ〟とは何なのか、一歩踏み込んで考えてみましょう。なりたい自分が具体的であればあるほど、的確な方法を選択することができ、目標に向かって一直線で進むことができます。当然、体の変化も早く実感できて、挫折しにくくなります。

なりたい自分がなかなかつかめない……。そんな人は、日常生活で自分と向き合う習慣を持ってみるといいかもしれません。例えば、洋服を買うときに、「これは素敵！ほしい！」と思ったらすぐに手にとってお会計へ向かうのではなく、その前に一度「本当に、この洋服は私に必要？」と、自分自身に問いかけてみるのです。「ほしい！」と思った気持ちは、どこから来ているのか。それを探っていくと、「ストレス解消をしたかっただけかも？」「こんなに似合う服はめったにないから、絶対に手に入れたい」など、〝ほしい〟の裏側に隠れた本心が見えてくるでしょう。立ち止まって自分と向き合い、自分の気持ちを探るクセをつけていくと、なりたい自分がわかります。

自分をていねいに愛する

キレイを育てるときに、マインドの面において「枠を外す」とともに、もうひとつ重要な要素があります。それは「自分を愛する」ことです。

美しくなりたいと思っている女性のなかには、今の自分をダメだと思っている人が少なくありません。誰でもコンプレックスを持つのは仕方がないことですが、どうかイケていない自分を嫌いにならないでください。目が小さい、鼻が低い……それもひっくるめて、あなた自身の特徴なのですから。

それでも「今朝、鏡を見たら目が腫れぼったくて……。もう自分の顔なんて見たくない」「規則正しい食生活をすると決めたのに、誘惑に負けちゃった。私って、どうしていつもこうなんだろう」と、**自己嫌悪に陥ったときには、その気持ちをまるごと抱きしめてあげてください。**ソファに座ってクッションでも抱えて「私は今、ものすごい自己嫌悪に陥っているなあ」と思いながら、ダメな自分を非難せずに、そのまま受けとめ、認めてあげましょう。ダメな自分を認めることができないと、他の誰かになろうとしたり、自分のなかからダメな部分を排除しようとしたりします。それでは自分の嫌な面から目をそむけ、逃げているだけで、自分を変えていくことはできません。

いいところもダメなところもひっくるめて、自分を愛せるようになるには、普段の環境づくりもポイントです。ダメな自分にとらわれて自己嫌悪に陥りそうになったときに、自分が心地いい気分になれる場所に身を置くことができれば、感情が落ち着いて、ニュートラルな自分に戻れることでしょう。

私は、寝室を居心地のよい空間にしています。昼間にいろいろなことがあっても、寝ている間にカウンターをゼロに戻してリセットする。寝室は私がニュートラルになる空間。だから、寝室のカーテンや寝具のカラー、飾る写真などは、自分のお気に入りばかりです。**あなたも好きなものに囲まれた空間で、自分のことを愛してくださいね。**

Column

私とフランス①
～渡仏のきっかけ～

私がフランスに渡って、美容やエステの勉強をした理由は、主にふたつあります。ひとつ目は大学時代にフランスの大学で教鞭をとっていた教授に師事したこと、ふたつ目はフランスのカルチャーに出会って非常に興味を持ったことです。

特に、日本で知り合ったフランス人の女性の方がすごく素敵で、強い憧れを抱きました。「フランス人だからキレイ」「西洋人だから美しい」ということではなく、彼女が醸し出す自信のようなもの、外見ではなく内面から出てくる魅力が、当時の私には“女性の美しさ”に映りました。彼女のような女性になるには、フランスに住むしかない。しかも、美容を勉強するなら、美容のオリジンであるフランスが一番！　そう思ってフランスに3年間留学しました。その後、一旦帰国しましたが、自分にはフランスが合っているという思いが強くなり、再渡仏。2004年に「SHIGETA」を設立し、現在に至っています。

第2章

パリジェンヌと日本女性の違い

フランス人女性と日本人女性の見せ方の違い

パリで仕事をしていると、カウンセリングをしたり、ワークショップに来られる方と話をしたり、クライアントの自宅へ行って施術をしたりと、フランスの女性と触れる機会が多くあります。その経験から感じるのは、フランスの女性は〝自分の見せ方を知っている〟ということです。

私のクライアントには、パリで暮らすセレブリティやアーティストの方もいます。そういった方々は基本的にご自宅に伺って施術を行いますが、彼女たちの生活空間を見ると、何を大切にして生活しているのかが、ひと目でわかります。例えば、家のなかにグリーンがいっぱい飾ってある人は、自然とのコンタクトを感じながら生活したいから、毎日の食事も体を元気にする野菜が中心、ファッションもナチュラル。セレブリティであっても、気負うことなく、しぐさも話し方も自然体です。それを見れば、初対面の人にも「ああ、この人はこういう趣を大切にしている人なんだな」と誤解されることなく伝わります。

見せたい自分、なりたい自分を知ることは、自分がすでに持っているキレイの種を育てて、私だけの花を開かせることなのです。

フランスの女性は、美に対する考え方、ファッション、ライフスタイルなど、全てがひとつになって、〝私〟というブランドをつくっています。はじめに〝私〟というグローバルなブランドがあり、コスメでも、ファッションでも、ライフスタイルでも、話し方でも、そのブランドにフィットするものをピックアップして、自分を自分らしく見せる演出をしているのです。そのため、フランスの女性のスタイルは、どこかひとつ筋が通っていて、どこの面で切っても、その人らしさを感じることができます。全てをトータルでコーディネートしているという点で、自分の見せ方が上手といえるでしょう。

ただ、見方を変えれば、もしかするとそれは不器用なことなのかもしれません。自分のブランドとは違うものはチョイスできないので、融通がきかないと映る部分もあります。今と違う自分をつくることが、なかなかできないのです。どんなときでも「自分が心地いいなら、それでいい」と迎合しないのが、フランスの女性のスタイルなのです。

一方、日本の女性の場合、「いつまでも美しくいるためには？」「今、流行のファッションは？」「憧れのライフスタイルは？」など、美、ファッション、ライフスタイルは、それぞれ別のものとしてとらえ、自分の関心のあるものを取り入れていく人が多いのではないでしょうか？

例えば「コスメで好きなのは欧米の自然派系、ファッションで好きなのはアジアンスタイル、部屋のインテリアはゆったり気分のハワイアンテイストが好き。それぞれテイストは違うけれど、みんな私の好きなものよ」といった感じです。これはフランスの女性にはない器用さであり、いろいろな自分を発見し、楽しめるともいえるでしょう。つまり、日本の女性はブランディングはないものの、しなやかさがあるのです。

あなたは、フランス人女性、それとも日本人女性、どちらのタイプですか？

「〜しなければならない」病を克服する

もうひとつ、私がパリに住んでいてパリジェンヌと日本女性の違いを感じるのが、主体性があるかどうか、です。

フランスの女性がセルフケアにトライするときは、「たまにはスリムな洋服を着て、いつもとは違ったお洒落を楽しみたい」「イキイキとした自分を取り戻したい」など、「私が〜をしたいから」と常に主体的。気持ちも当然前向きです。「スリムな洋服を着たいから、毎日マッサージをかかさずにしたい」「不調を改善して笑顔で暮らしたいから、体のなかを活性化させる野菜や果物をいっぱい食べたい」と、楽しみながら積極的に取り組むので、みるみるうちに体が変わっていきます。

それに対して、同じようにセルフケアに取り組んでいる日本の女性からは、「スリムになるために、毎日マッサージをしなくちゃ」といったやせることが目的のような声が、しばしば聞かれます。

もちろん、もともとはフランスの女性と同じように「キレイになりたい！」という自分の心の声からケアを始めたのでしょう。ところが、いつの間にか「～しなければならない」と、まるで誰かにやらされているような状況に変わっているのです。

心と体はひとつ。自分の心の声がどこかへ行ってしまっては、せっかくセルフケアをしても、なかなか体は変わっていかないでしょう。

セルフケアに限ったことではありません。

パリで暮らすようになって気づいたことですが、仕事でもプライベートでも、日本人の会話では、「新しいプロジェクトで忙しいから、明日5時に起きて企画書を書かなければならない」「私の家で親友とランチをするから、部屋を片づけなければならない」など、「～しなければならない」といったフレーズをよく耳にします。

でも、そもそも仕事をしたいのは自分、親友が遊びにきてほしいのも自分なのではないでしょうか？

義務感ではなく、「新しいプロジェクトを成功させたいから、明日5時に起きて企画書を書きたい」「私の家でランチをしたいから、部屋を片づけたい」と、自分の願望としてとらえてみませんか。同じ作業でも気持ちよく取り組めて、よい結果をもたらすことでしょう。

これまで私は、様々な人と出会い、いろいろな視点から美容について学んできました。加えて、自分自身の体験を振り返ってみても、言葉にはエナジーがあると思います。「マッサージをしなければならない」と「マッサージをしたい」では、言葉に宿るエナジーが異なり、効果や作用も変わってくるものです。

何かにトライするときには、実際に行う作業や行動よりも先に、「私はこうなりたい、こうしたい」を考えましょう。「～しなければならない」ではない病は卒業して、〝私が主人公〟という気持ちになれば、きっとあなたのなかに変化が起こります。

自分の軸を持つ

私は旅が好きで、今まで約30か国へ行き、各国の方たちと触れ合ってきました。また、仕事では常に、フランス人や日本人はもちろん、いろいろな国の方を施術したり、コミュニケーションをとったりしています。

その経験から、どの国の女性にも共通する美とは「背骨がまっすぐなこと」だと思います。背筋がピシッと伸びて颯爽と歩く女性は、元気でイキイキとして、見た目にカッコイイ。でも、それは単に姿勢がいいということではなく、おそらく自分の考え方に一本筋が通っていることの表れではないでしょうか。

背骨がまっすぐな女性と話をしてみると、多くの場合、「そのことについて、私はこう思うわ」と、明確な自分の考え方を持っていることが伝わってきます。すると、相手にインテリジェンス（知性）を感じて、好感度がさらにアップ。むしろ、見た目よりも、相手のちょっとした一言に「この人は、キレイだな」と感じることすらあります。

逆に、どんなに外見がキレイな女性でも、話してみたら反応がいまひとつで、がっかり……。そんな経験、ありませんか？

インテリジェンスは、目に見えるものではありません。相手をパッと見たときには、キレイかどうかの判断材料にはならないものです。それにも関わらず、相手とコミュニケーションをとっていてインテリジェンスを感じると美人度が増すのは、きっと話し方やその内容に、その人自身の生き方が出るからでしょう。

キレイになるには、インテリジェンスを磨くことも必要です。それには、教養や知識を身につけるだけではなく、自分の軸を持つことが大切。ビューティーに関しても、仕事の場においても人と比べるのではなく、まずは自分の魅力を知りましょう。あの人も素敵だけれど、自分には自分の魅力がある。そんな自分らしい軸を持つことができれば、周囲や流行にまどわされることなく、凛と前を向いて歩いていけると思います。

〝ノーティー〟が魅力

フランス人の友人に、ジャーナリストとして活躍している40代の女性がいます。彼女は「自分の幸せ度を、どのようにしてあげていくか？」など、幸せに関する本をたくさん書いています。由緒ある家柄の人なので、初めて彼女の家に行ったときには「きっと真面目で、生活もきちんとしていそうだな」と、少し緊張しました。

ところが、家に入ってみると、〝すごいジャーナリスト〟のイメージとは、かけはなれた様子でびっくり。ヨーロッパで人気のグミキャンディ「ハリボー」のキャラクターの私の身長よりも大きな人形が、ドーンと置いてあったのです。普段も、移動はいつも自転車で、片手には水飲み用のボトルを持ち、ケラケラ笑いながら、ウィットの効いた冗談の連続です。そんな姿が、女性としてとても素敵だなと思います。

また、私のクライアントに、子どもを7人育てながら仕事をこなしている、パリで有名な弁護士の女性がいます。彼女も周囲から一目置かれる存在ですが、底ぬけに明るい人で、よくジョークが飛び出します。しかも、ジョークを言ったときの笑い方がすごくコケティッシュ。

二人とも、私がチャーミングだと思う女性です。

彼女たちには、すごくきっちりとしている部分と、やわらかい部分があります。そのやわらかさを、もっと具体的に表現するなら、英語では「naughty（ノーティー）」、日本語では「やんちゃ」といったところでしょうか。真面目なだけではなく、ユーモアも持ち合わせているところに、女性らしいしなやかさを感じるのです。

だから、私が目標とする女性の方々は、みんな〝やんちゃ〟です。やんちゃと聞くと、日本では、駄々をこねたりいたずらをしたりと、子どもっぽい印象を持つ人も多いかもしれません。でも、40代どころか、70代になっても、やんちゃな部分を持ち合わせていて、いい意味でギャップのある女性に惹かれるのです。

実は、私が考える〝女性にしかない魅力〟とは、ときめき感だったり、自分がティーンエイジャーだったときの、女の子同士でワイワイと騒いでいたきゅんとする感覚だったりします。それは、決して女子校の感覚を引きずるという意味ではなく、女性ならわかる、独特のエモーション（感情）です。テンションが上がるような、あのワクワク感を持っていることが、年齢を重ねてもイキイキと美しい女性でいられる秘訣なのかもしれません。

ただし、その部分だけしか持たずに大人になってしまったら、ただのうるさい女性になってしまうことでしょう。年齢とともに、様々な経験をして大人の顔も持ちつつも、時々、おしとやかだけではないノーティーな部分も見えると、女性としてのチャーム（魅力）がぐんとアップする気がします。

自分の生活に合うパートナーを探す

私はパリに活動の拠点を置いて、15年ほどになります。その間、パートナーと出会い、結婚もしました。

日本では数年前から「婚活」が話題になり、幸せな結婚をしたいと理想の相手を求めて様々な活動をする女性が増えているようです。フランスにも「結婚したい！」という女性はいますし、パートナー探しのウェブサイトもあります。でも、彼女たちを見ていると、日本の結婚したい女性に比べて、結婚に対して焦っていない印象を持ちます。

それはたぶん、フランスの女性は結婚することが大事なのではなく、自分の生活に合うパートナーを探すことが大事だから。言い換えれば、結婚のためにパートナーを探すのではなく、自分に合うパートナーを探した結果、二人で一緒に生活するのです。ちなみに、フランスではパートナーと一緒に暮らそうとしたときに、結婚や事実婚のほか、ＰＡＣＳ（パックス＝連帯市民協約）と呼ばれるスタイルがあります。成年に達した二人が安定した共同生活を営むために交わされる契約で、結婚ほど法的な制約はないけれど、税金などの優遇措置が受けられるというもの。このスタイルを選択するカップルが増えていると聞きます。フランスでは、入籍して法的な結婚という形にこだわるよりも、自分に合ったパートナーと生活をともにするだけで十分だと思っている女性も多いのです。

その背景の一つに、フランスの女性は、結婚して男性についていこうと思っていないことが挙げられるでしょう。特にパリのような都心部では、経済的にも精神的にも自立していたいと思う女性がほとんど。私には私の生活があり、彼には彼の生活がある。それが一緒になることで、それぞれの人生にプラスα《アルファ》だと考えます。結婚して彼に養ってもらう、彼に頼って暮らすといった発想は、あまりありません。

自立して暮らすこと。それが、先にもお話したように、フランスの女性が自分の見せ方を知り、私が主人公のライフスタイルを送っていることにもつながっている気がします。

愛すること、愛されること

自分に合うパートナーに出会い、相手を愛すること、相手から愛されることに、女性としての喜びを感じる女性も多いでしょう。恋をすると女性がみるみるうちにかわいらしく、美しくなっていくのは世界共通のことです。

「愛すること、愛されること」は、女性をキレイにする魔法の力です。

愛する人、愛してくれる人がパートナーであればベストなのかもしれません。でも、パートナーに限らず、家族を愛し、家族から愛されることでも、女性はキレイになります。

特に、女性は愛されているという意識が働いて、心が満たされると、どんどんと自分らしい魅力をチャージしていき、一段とキレイになっていきます。

では、どうしたら愛されるのでしょうか？　一番簡単な方法は、愛されるのを待っているのではなく、自分から愛することです。愛することで、愛されると思うのです。

では、愛するとは、どういったことなのでしょう？　相手のことが好きなことが、すなわち愛することなのでしょうか？

私は、夫と猫を愛し、愛をもらいながら暮らしていますが、愛するとは、相手を受け入れることだと思っています。

受け入れると聞くと「何でも相手の言うことに従う」といったイメージを持つ人もいるかもしれません。しかし、相手を受け入れることとは、相手に合わせることとは違います。自分の大事な人に対して愛情を持って接し、相手を理解することです。

結婚して子育てをして、仕事もしている女性は、忙しくて自分のキレイのために、なかなか時間をかけられないときもあるでしょう。でも、イライラせずに、夫にも子どもにも愛情を持って接すれば、あなたは夫からも子どもからも愛されます。愛がいっぱいの毎日が、きっとあなたにキレイをもたらしてくれることでしょう。

大人の女性の本当の魅力

フランスでは、自立した大人の女性が男性に好まれます。それに対して、日本やイタリアでは、年齢を重ねた女性よりも、若いかわいらしい女性のほうがもてはやされたり、男性から好かれたりする印象があります。

確かに、若い女性は何もしなくても肌にハリがあって、キレイで魅力的です。私も、若いときにフランスに渡り、しばらく美容室で仕事をしていたときには、外見のキレイばかりを追いかける環境にいました。そして、どれだけしわがないか、どのぐらい美しく眉が描けているかといったことが、女性のキレイのひとつの目安であることに疑問を感じていました。

30代、40代、50代と年齢を重ねていけば、しわが出てきて表情も変わってきます。仕事を通して、幅広い年齢の方々とお逢いします。彼女たちの顔の表情からしわのなかに、その人が今まで歩んできた人生、生き様みたいなものが刻まれているようで、それがとても美しいと感じます。

日本では、老化をストップして若返ることを目的とした、アンチエイジングためのケアや化粧品が注目されています。でも、誰でもエイジングはしていくものであって、年齢の経過には逆行できません。そのことを受け入れて、いいエイジング、つまり**素敵な歳の重ね方をしていくことが、年齢を重ねても女性が輝き続けるうえで重要でしょう。**

年齢に逆行しようとすると、考え方も「私はもう30歳だから……」と、今の自分の状態をマイナスにとらえがちになります。心が後ろ向きでは、肌も体も後ろ向きになってしまいます。それは、何歳でも同じです。20歳の学生でも「もう20歳になっちゃったから……」と言っている女性は表情が暗いですが、反対に80歳のおばあちゃんでも「まだ80歳なのよ」と言っている女性は、笑顔が素敵です。

若返るということではなく、キレイに年齢を重ねていくという意味でのケアを心がけたいものです。

今からでも遅くはありません。マッサージをして自分の体の声を聞いたり、体を元気にさせる食事を心がけたり、適度な運動を続ければ、体はきちんとこたえてくれます。体の調子がよければ、体がさびついていくスピードもゆっくりです。自分のことを大切にしながら出てきたしわは本当に美しいもの。消す必要など全くないと思います。私は、今まで生きてきた自分、今の自分に納得している女性を増やしたいと考えています。

フランスで大人の女性が好まれるのは、このように自分を大切にして生きてきた女性は、どんなに年齢を重ねても、男性が女性を女性として認めるカルチャーだからかもしれません。そのためフランスでは、50歳で新しいボーイフレンドができるなんて話も日常茶飯事です。日本の男性にも大人の女性の魅力に気づいてほしいなと思います。

Column

私とフランス②
〜自信を持って伝える〜

フランスでは小さいときから親が「あなたは何色が好きなの？」「あなたはどちらの服が着たいの？」など、その子の意見を聞き、尊重します。自分の考えを主張することがよいとされるカルチャーであり、必然的に自立心が育ちます。一方、日本は共存や助け合いに重きをおくカルチャー。フランスで仕事を始めた頃は、そのギャップにとまどいました。

例えば、フランスでは自分の考えを常に求められ、何か言わないとつまらない人だと思われてしまう。また、プロダクトをつくっても、自分から積極的に「こんなに素晴らしいです」と自信を持ってPRしなければ、誰も興味を持ってくれません。しかし、自分で自分のものを紹介するのは不粋な感じがして抵抗がありました。そこでプレゼンテーションについて学び、「あるがまま」を伝えればいいことに気づきました。遠慮するでもなく、誇大するでもなく、ありのままを伝える。これは、どこの国にも共通する「伝え方」だと思います。

第3章

SHIGETA流 セルフマッサージ

セルフマッサージの習慣で体はどんどん変わる

「以前、セルフマッサージをしたけれど、あまり体が変わらなかった」といった経験は、女性なら誰でも一度はあるのではないでしょうか？

おそらく、そのほとんどが「体に変化が現れずに途中でやめてしまった」「面倒で続けられなかった」……といった理由かと思います。しかし、二の腕でもおなかでもヒップラインでも、ポイントをつかんでマッサージをすれば、体は粘土のようにどんどん変わっていきます。その具体的なポイントについては、マッサージごとに紹介していきますが、どのマッサージを行うときにも共通で意識したいのが、「押さえる場所と動かす方向」です。やみくもにマッサージをするのではなく、ポイント部分をきっちりと押さえ、どの方向に血液を流すのかを、考えて行いましょう。早く効果が実感できます。

また、わざわざマッサージの時間を確保しようとすると、最初はやる気があっても、次第に面倒になって続かないものです。今までのライフスタイルのなかに無理なく組み込むようにしてみましょう。私の経験では、バスタブに入りながら頭皮マッサージ、シャワーを浴びて体を拭いたらついでにヒップラインのマッサージ、といった感じです。起床時や就寝前も、1日のリズムのなかでマッサージを取り入れやすいタイミングです。毎日歯みがきをするようにマッサージを習慣にしてみましょう。朝のマッサージは体がスッキリと目覚めますし、夜寝る前のマッサージは安眠へと誘います。もちろん、朝も夜も行えば、より一層の効果が期待できるでしょう。

マッサージをするときは、心の持ち方も大切です。「どうしてこんなに太くなっちゃったの？」などと思ってむくんだ足のマッサージをすると、足も「それはあなたのせいよ！」と言いたくなって、なかなかむくみがとれないもの。「今までケアを怠ってごめんね。血液を流そうね」と体をいたわり、応援する気持ちで行いましょう。最も重要なのは、自分の体を大事にする気持ちです。

自分の体は「自分が一番大事にしている」と伝える

自分の体は、自分の思い通りに動くと思っていませんか？

でも、実は、自在に動くと頭で考えている自分の体と、本当の体とは別のもの。例えば、とても疲れているときに、「全力で走れ！」と指令を出しても、体はなかなか言うことを聞いてくれません。常に快適なドライブをするために車をメンテナンスするように、いつでも思い通りに自分の体を動かすためには体にもケアを施すことが必要です。そのひとつの方法が、手を使って自分の体をケアすること、すなわちセルフマッサージなのです。

私が考えるセルフマッサージとは、単に不調を整えるためのものではなく、「自分の体は、自分が一番大事にしているよ」という気持ちを、体に伝えること。手で体を触れるときには「いつもがんばってくれてありがとう」「ここは、ケアしてあげるね」と、体に感謝の思いをのせましょう。

あなたの思いが、手を通して体に伝わると、体もそれに応えて調子を整えようとします。動物に対して愛情をかけると、「自分は愛されている」と感じて次第になついてくると同じように、体も愛情をかけてケアをしてあげると「今日は、あれが食べたい」「今晩は早く寝たい」など、その日のコンディションがわかってきます。体とコミュニケーションをとっていると、体の変化や不調に、早く気づけるようにもなります。自分の健康を維持するために必要な情報を教えてくれるようになるのです。

このように体そのものが声を発するようになり、その声を自分で聞けるようになると、心身ともに健康な状態をキープできるようになり、病気の予防にもつながります。調子が悪くなると、すぐにマッサージやエステに行くことを考えて、人に自分の体をかわいがってもらおうとする人も多いことでしょう。それも大事なケアですが、人にかわいがってもらう前に、まずは自分で自分の体をいたわることに目を向けましょう。自分でかわいがり、人にもかわいがってもらえば、体が喜び、みるみる元気になっていくはずです。

エッセンシャルオイルで植物の力を取り入れる

セルフマッサージの効果をより高めるために、エッセンシャルオイルを使うことは非常に有効です。エッセンシャルオイルに含まれる植物の有効成分が、体のなかのいろいろな器官に働きかけ、体調を整えます。

SHIGETAのエッセンシャルオイルは、直接肌につけられる処方にしていますが、その他のエッセンシャルオイルをマッサージに使う際は、直接肌につけずに、キャリアオイルに混ぜて、希釈して使いましょう。

[マッサージオイルのつくり方]

約10滴のエッセンシャルオイルを、50㎖のキャリアオイルで希釈します。その後、遮光ビンに入れて冷暗所で保管します。保存期間は約1か月です。少しずつつくって使い切りましょう。なお、キャリアオイルは、エッセンシャルオイルの成分をスムーズに体内に運ぶ働きをします。主なものに、アプリコットカーネルオイル、ローズヒップオイル、ヘーゼルナッツオイルなどがあります。

[エッセンシャルオイルを使うときに気をつけること]

・肌がデリケートな人は、使用前にパッチテストをしましょう。具体的には、腕の内側にエッセンシャルオイルを数滴つけて様子を見ます。すぐに、肌が赤くはれたり、ぶつぶつができたり、かさつく場合には、エッセンシャルオイルに対するアレルギーがある可能性があります。専門医に相談してから使用しましょう。

・エッセンシャルオイルは必ず遮光ビンに入れ、冷暗所保管しましょう。開封したら、1年以内に使い切りましょう。

・薬を飲んでいる人、妊娠中の人がエッセンシャルオイルを使う場合は、治療や胎児に影響が出る可能性もありますので、専門医に相談してください。

呼吸を意識してより効果的に

セルフマッサージの効果をアップするために、もうひとつ忘れてはならないのが、呼吸です。呼吸を意識しながら体を刺激していくと、自分の「気」を入れてマッサージをすることができます。

気や呼吸法については、第4章で詳しく紹介しますが、「気」は、血液や水分と一緒に体中を巡っていて、心身の健康に大きく影響をします。体内に気が流れることによって、五臓六腑が動き、体内の各器官にスイッチが入って、正常に機能するようになるのです。気は呼吸と深い関係にあるので、呼吸をしながらマッサージをすると気の巡りを整えることができます。具体的には、マッサージをするときには、いつも「息を吐きながら押す」ことを意識しましょう。全てに共通する基本です。

押したときにかたかったり、痛みを感じたりすると、無意識のうちに呼吸を止めてしまいがちです。すると、体が緊張して、ほぐれるどころかますますかたくなってしまいます。常に呼吸はとめず、押しながら息を吐きだすことを心がけましょう。

また、マッサージは、グイグイと押したからといって、必ずしも効果が高くなるものではありません。ちょうどいい力加減で押すことがポイントです。息を吐きながら押すと、無理な力が入らずに、いい力加減で押すことができます。フーッと息を吐きながら押し、息を吸うときに指を離すという、いいリズムも生まれます。プッシュするときには、ひとつ押すたびに、まるで白黒の写真がカラー写真に変わるように、体の内側に響かせることをイメージしましょう。

呼吸を意識してマッサージすると、成果が早く出るようになります。効果が目に見えてわかれば、挫折することなく続けられるでしょう。

そのほか、どのタイミングでどのような呼吸をすればよいかは、各マッサージの方法で紹介しますので、参考にしてください。

〝今の自分〟の状態をセルフチェック

これからセルフマッサージを始めるまえに、今、自分がどのような状態なのか、自分の体の声を聞いてみましょう。次の項目で当てはまるものに☑をしてみてください。

□1 髪がやせてきて、コシやツヤがなくなった
□2 抜け毛、薄毛が気になる
□3 フェイスラインのたるみが気になる
□4 吹き出物がなかなか治らない
□5 顔色が悪く、肌のくすみが気になる
□6 口角が下がってきた
□7 目のくまが気になる
□8 二の腕のたるみが気になる

□ 9　首や肩のこりが気になる
□ 10　おなかまわりがポコッと出てきた
□ 11　便秘をしやすい
□ 12　おなかがはることがある
□ 13　口内炎ができやすい
□ 14　脚や体にむくみを感じる
□ 15　疲れやすい
□ 16　体が冷えやすい
□ 17　背中や腰にハリを感じる
□ 18　セルライトがある
□ 19　人間関係に疲れている
□ 20　寝つきが悪い、眠りが浅い
□ 21　目覚めが悪い

□22　おなかをこわしやすい
□23　風邪をひきやすい
□24　1〜23以外で気になる不快な症状がある

診断結果はいかがでしょうか？
☑がついた番号によって
あなたが今すぐ始めるのにおすすめのセルフマッサージがわかります。
気になるトラブルを解消するヒントも紹介しますので、参考にしてください。

●1〜7に☑が多かった人は……

↓「ヘア&フェイスケア」（P68〜）からトライしましょう

髪や顔にトラブルを抱えていると、鏡を見るたびに気になり、周囲の人にも気づかれやすいのでブルーな気持ちにもなりがち。ますます顔色もなんとなく暗くなってしまうでしょう。「ヘアケア」（P68〜）、「フェイスケア」（P74〜）を参考に、マッサージを行いましょう。

髪のトラブルのほとんどは、頭皮の血行が悪いことが原因です。また、頭皮を顔の皮膚はつながっているので、顔色の悪さやくすみが、頭皮の血行の悪さからきている場合もあります。頭皮のマッサージでイキイキした髪と顔を取り戻しましょう。顔の気になる症状は、血行が悪く、余分な水分や老廃物が溜まっているサインです。マッサージで顔全体を活性化すれば、吹き出物などが解消されるとともに、フェイスラインも引き締まります。

●8～13に☑が多かった人は……

↓「上半身のケア」（P92～）からトライしましょう

下半身はそれほど太っていないのに、二の腕やおなかまわりなどがもたついて、上半身が重たい感じがする。いつも首や肩がこっていてだるい。そんな人は、「上半身のケア」で、上半身の調子を整えることから始めましょう。

体の重たさは、デトックスのマッサージで体にたまった毒素を出していくことで解消されていきます。首や肩のこりにはリラックスと血行を促進するマッサージがおすすめです。口内炎ができやすいのは、解毒ができていない証拠。排出できない毒素を、皮膚を通して出そうとするために起こります。上半身全体のデトックスで改善されていきます。

●14～18に☑が多かった人は……

↓「下半身のケア」（P112～）からトライしましょう

脚がむくみやすくて、疲れやすい。セルライトが気になる。そんな人は血の巡りが悪くなっている可能性があります。「下半身のケア」で、下半身を中心に血の巡りをよくしましょう。背中や腰のハリや、セルライトも、血行が悪く、冷えることによって起こります。血行がよくなると、下半身が軽くなり、見た目にもすっきりとするでしょう。

●19～24に☑が多かった人は……

↓「心と体の不調をケア」（P122～）からトライしましょう

病気ではないけれど、心と体に気になる症状を抱えている女性の声をよく耳にします。そのなかでも比較的多い症状をピックアップし、おすすめのマッサージを「心と体の不調をケア」で紹介しています。自分の弱点をケアする方法と思って、毎日続けて行っていきましょう。

⇦次ページからセルフマッサージのスタートです

ヘアケア

頭皮マッサージ

髪にツヤが出て
フェイスラインがキュッと引き締まる

髪がやせてきた、ツヤやコシがなくなってきた……。そんなときは、頭皮の血行が悪く、かたくなっている状態です。健康で美しい髪を取り戻すために、髪の畑ともいえる頭皮の血行をよくして、毛根の細胞のすみずみまで栄養が行き渡るようにしましょう。頭皮の血行が悪いときは、頭が酸欠状態でだるく重たく感じます。マッサージで血液が流れるようになると頭が軽くなり、リラックスできます。

また、頭皮は顔の皮膚とつながっています。そのため、前頭葉の頭皮(頭の前方部分)をていねいにほぐせば血行がよくなり、顔色がパッと明るくなります。目もパッチリと開いて、フェイスラインも引き締まりスッキリとした印象に変わります。

[おすすめのエッセンシャルオイル]

ローズマリー、セージ、イランイランなど

1

オイルをなじませる

おすすめのオイルを５～６滴(ブレンドしてもよい)を手にとり、指先の腹を使って、頭頂部、前頭葉、生え際、こめかみにつけ、頭皮になじませます。

2

頭皮を動かす

髪の毛の生え際に５本の指先の腹をあて、指を上下に動かし、頭皮を動かします。動かす部分を少しずつ上にずらしていき、生え際から頭頂部へ向かってマッサージをします。頭の側面も同じ要領で、耳の上から頭頂部へ向かって頭皮を動かしてマッサージをします。

3

頭頂部の頭皮をもみほぐす

最後に頭頂部に5本の指先の腹を当て、円を描くようにして頭皮をもみほぐし、5秒数えて、パッと手を頭皮から放します。

Pポイント

- なるべく指先を広く頭皮に当てて指を動かし、頭皮をよく動かすことを意識しましょう。
- 頭が重たいようなときは、入浴時にバスタブに入りながら行うと、血行がよくなってリラックスでき、顔色もよくなります。

ヘアケア

毛先のケア

どんな髪の悩みも解決！
万能ヘアエッセンスでツヤ髪に

美しいヘアを手に入れるためには、頭皮マッサージで頭皮の血行をよくするとともに毛先のケアも行うのがおすすめです。

ツヤがない、ゴワゴワしている、パサついている、あるいは、脂っぽいなど、髪に対する悩みは人それぞれでしょう。今回は、どんなお悩みにも万能なヘアエッセンスオイルと毛先のケアを紹介します。

ヘアエッセンスオイルは、サンダルウッド１滴にお好みのキャリアオイル（オリーブオイル、アボカドオイル、小麦胚芽オイルなど）30㎖をよく混ぜてつくります。このブレンドオイルを、シャンプー後、毛先になじませます。シャワーキャップをかぶり、上からタオルを巻いて温めておくのも効果的です。

［おすすめのエッセンシャルオイル］

サンダルウッドなど

1

毛先にブレンドしたオイルをなじませる

シャンプー後、髪の水分を拭き取り、頭皮にブレンドしたオイルをつけ、毛先にアボガドオイルやオリーブオイルをなじませます。

2

頭皮マッサージをする

69ページで紹介した頭皮マッサージを行います。

Check
ブレンドしたエッセンシャルオイルをシャンプーに混ぜ、希釈して使っても、オイルの成分が髪に浸透して効果的です。1週間に一度を目安にケアをしましょう。

3 タオルドライをする

シャワーキャップをした髪をタオルで包み、しばらく時間をおきます。ブレンドしたエッセンシャルオイルが髪に浸透して、ハリやツヤのある髪へと整っていきます。

P ポイント

- ○ 手順③のタオルドライの後、髪をとかして整えると、髪にツヤが出てくるのを実感できます。
- ○ 時間のないときには、シャンプー後、軽くタオルドライをしてからブレンドオイル2滴をつけ、よく髪をとかして乾かすだけでもOKです。

フェイスケア

フェイシャルマッサージ

忙しいときは気になる部分だけでOK！
全体を行えば、むくみがとれて小顔に

透明感のある肌、シャープなフェイスライン、フェミニンな目元……。フェイシャルマッサージで、何歳になっても輝く笑顔を手に入れましょう。

フェイシャルマッサージで最も大切なことは「血行をよくすること」と「顔にたまってしまった余分な水分や老廃物の排出を促すこと」です。そのためには、気になる顔の部分だけでなく、排出物を流し出すリンパ節がある首から鎖骨までマッサージすることが重要です。顔全体の血行やリンパの流れがよくなり、キュッとフェイスラインが引き締まります。

忙しくてマッサージをする時間があまりとれない、面倒だと続かないという人は気になる部分だけをマッサージし、お休みなど余裕のあるときに全体を行ってください。何もしないより効果はあります。まずは、ひとつでもいいので始めましょう。

[おすすめのエッセンシャルオイル]

ローズ、ローズウッド、シダーウッド、サンダルウッド、フランキンセンスなど

※エッセンシャルオイルは直接肌にはつけず、お好みのキャリアオイル（エッセンシャルオイルを希釈するときに使うもの。アプリコットカーネルオイル、ローズヒップオイル、ヘーゼルナッツオイルなど）とブレンドして使用しましょう。

◉ フェイシャルマッサージの流れ ◉

フェイシャルマッサージは、①〜⑥までセットで行うのがベストですが、時間のないときには、自分の気になる部分のみでもOKです。「①はじめの基本」、「⑥最後の基本」は顔の老廃物を流すので、なるべく行って。

1 **はじめの基本（P78）**

手のひらでオイルを混ぜながらエッセンシャルオイルを温め、顔から首にかけてなじませます。呼吸をして自分の気を高め、鎖骨のリンパ節を開けて老廃物が通りやすくしておきます。

↓

2 **あご（P80）**

二重あごが気になる人はあごの厚みをとるマッサージを、顔のたるみが気になる人はフェイスラインのマッサージを重点的に。

↓

3 **口元（P82）**

口元のマッサージのポイントは、口角を上げること。そのために、鼻の下と頬骨の下、口角、口角から耳の前、小鼻の脇から耳の前、の4つのポイントに圧をかけて、マッサージをします。

↓

④ **目元(P84)**

顔のなかでも目元は、女性らしさを演出する、とっておきのポイント。パソコン作業などで目を酷使していると、目の周りがかたくなり、目元がきつい印象に。アイホール、眉頭、こめかみの3か所をほぐして魅力的な目元をつくります。

↓

⑤ **額(P86)**

額をほぐすと、顔全体の血行がよくなって、肌色が明るくなります。額の中心、額からこめかみをマッサージしたら、そのまま指を離さずに、耳の下のリンパ節へ向かって老廃物を流しましょう。

↓

⑥ **最後の基本(P88)**

フェイシャルマッサージによって顔の老廃物を排出を促したら、最後にリンパの出入り口である鎖骨へ向けて流します。顔のむくみがとれて、キュッと引き締まり、イキイキとした表情がよみがえります。

〈スペシャルケア〉(P90)

「肌のくすみ」が気になる人に…

はじめの基本 1

老廃物を流しやすくする

1

手のひらでオイルを温める

オイルを手のひらにとって、よく混ぜ合わせながら、オイルを温めます。

2

3回、ゆっくりと呼吸する

両手を顔の前で合わせ、手のひらの中心に意識を集中させます。そのままの状態で、3回、ゆっくりと呼吸をします。

3

顔〜首にオイルをつける

手のひらで顔全体、続けて首を包み込み、オイルをなじませるようにつけます。

4

鎖骨に指を当てて、呼吸をする

鎖骨のくぼみに、親指以外の指をひっかけて、もう一度、３回ゆっくりと呼吸をします。

P ポイント

- オイルをつけた両手のひらを顔の前で合わせて深呼吸すると、手のひらの中心に自分の気が集まり、マッサージ効果がアップします。
- 鎖骨にあるリンパ節は、リンパの出入り口です。各部位のフェイシャルマッサージに入る前にこのリンパ節を開いて、老廃物を流しやすい状態にします。

あご 2

二重あごを防ぐ

1

あごを親指と人差し指ではさむ

あごの下に親指を当て、人差し指は唇の下にひっかけるようにして、親指と人差し指であごをはさみます。

2

耳下へ向かって、あごをつまんでいく

そのまま耳の下へ向かって、親指と人差し指であごを小刻みにつまんでいきます。つまむ前に息を吸い、吐きながら1、2、3のリズムで親指を耳の下へスライドさせながら、圧をかけます。3回繰り返します。

3

唇の下に指先を当てる

唇の下に、人差し指、中指、薬指の指の腹をピタリとくっつくように当てます。

4

耳下まで指先で圧をかける

あごのラインに沿って、口角を通り、耳下まで、人差し指から薬指の指先をスライドさせながら、小刻みに圧をかけます。圧をかける前に息を吸い、吐きながら1、2、3のリズムで。これを3回繰り返します。

Pポイント

- ○ あごをマッサージして毒素を流し、むくみを解消します。あごの厚みがとれることで、顔の輪郭がシャープな印象になります。
- ○ 手順①～②で二重あごの予防をし、手順③～④であごから耳までのフェイスラインをスッキリさせていきます。

口元 3

口角を上げる

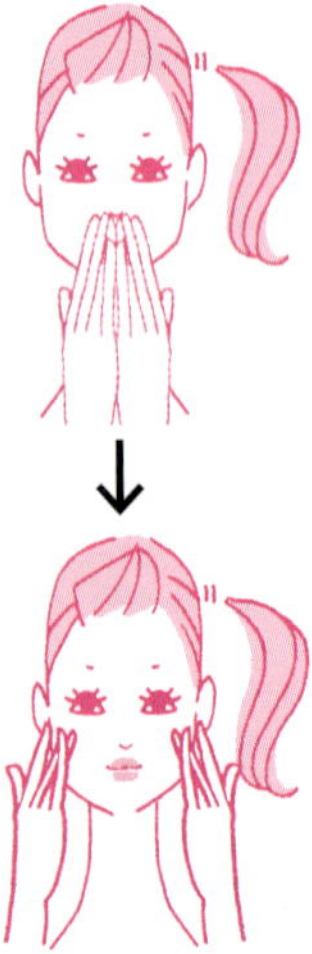

1 鼻の下、頬骨の下に指を当てて押す

鼻の下に、人差し指から薬指の3本の指先をピタリとくっつくように当てます。そのまま息を吸い、吐きながら1、2、3と指先に力を入れてジワーッと押さえます。同じ要領で頬骨の下も行います。

2 口角に指を当てて押す

口角に、人差し指から薬指の指先をピタリとくっつくように当てます。①と同じ要領で、そのまま息を吸い、吐きながら1、2、3と指先に力を入れて上へ向かって、グーッと押さえます。

3　口角から耳の前へ向かって押していく

口角に、人差し指から薬指の指先をピタリとくっつくように当て、息を吸います。吐きながら1、2、3と指先に力を入れて耳の前まで指先をスライドさせながら、圧をかけていきます。

4　小鼻の脇に指を当てて、耳の前へ向かって押していく

小鼻の脇に、人差し指から薬指の指先をピタリとくっつくように当て、息を吸います。吐きながら1、2、3と指先に力を入れて耳の前まで指先をスライドさせながら、圧をかけていきます。

P ポイント

- ○ 口角が下がると疲れた老け顔に。口角をマッサージする前に、鼻の下を押すことで、最初に口元の血行の流れをよくします。
- ○ 頬骨の下を押したときに痛みを感じる人は、顔の筋肉がこって、表情が硬くなっている可能性大。押してやわらかくなると、顔の輪郭がシャープになります。

目元 4

魅力的な目元に

1

アイホールを指先でなぞる

こめかみに、人差し指と中指(中指と薬指でもよい)の指先を当てます。息を吸い、ゆっくりと吐きながら、目の下を通ってグルッと一周、アイホールをなぞるように軽く圧をかけていきます。3周繰り返します。

2

眉頭を上へ向かって押す

眉頭のくぼみに、人差し指と中指の指先を当てます。息を吸い、ゆっくりと吐きながら、指先の力を入れて上へ向かってグーッと圧をかけます。

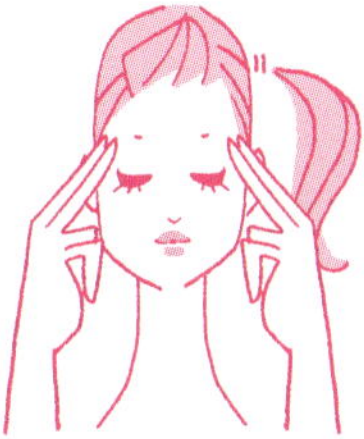

3

こめかみをほぐす

こめかみに、人差し指と中指の指先を当てます。息を吸い、吐きながら、指の腹を使って、その場でゆっくりと円を描くように、ほぐします。円を描く方向はどちらでも構いません。5周を目安に。

Check

眉頭を押して痛い人は、目がかなり疲れています。ていねいにほぐして。

P ポイント

- ○ フェイシャルマッサージは、基本的に内から外に向かって行いますが、手順①のアイホールに関してはリンパの流れに沿って、圧をかけます。
- ○ 目の周りは皮膚が薄く、デリケートです。グイグイと押すのではなく、やさしくゆっくりとマッサージしましょう。

額 5

顔色を明るくする

Check
額から圧をかけて、顔にたまった老廃物を流していきます。

1

額の中心をほぐす

眉の上に、人差し指から薬指の指先をピタリとくっつくように当てます。息を吸い、吐きながら、指先に力を入れ、髪の生え際に向かってグーッと圧をかけていきます。

2

額からこめかみへ向かって押していく

額の中心に、人差し指から薬指の指先をピタリとくっつくように当て、息を吸います。吐きながら1、2、3と指先に力を入れ、髪の毛の生え際を通って、こめかみまで指先をスライドさせながら、圧をかけていきます。

3

耳の下のリンパ節を押す

そのまま続けて、息を吸って吐きながら、耳の下(耳下腺)まで圧をかけていきます。耳の下まできたら、息を吸って吐きながら指先を当てたまま、耳の下にあるリンパ節をしばらく押して、ゆっくり指をはなします。

Pポイント

- 手順①～③をそれぞれ3回は行いましょう。特に額をほぐすときには、指の腹を使い、少し力を入れて圧をかけると気持ちよく感じられます。
- 手順③では、耳の下にあるリンパ節に老廃物を流すイメージで耳の下をプッシュします。押す場所は、押したときに唾液がジワーッと出てくるところです。

最後の基本 6

顔の老廃物を流す

1

顔を横に向けて、耳の下に指を当てる

顔を横に向けます。耳の下に反対側の手の人差し指を当て、反対の手を上から添えます。

2

鎖骨へ向かって押していく

息を吸って、吐きながら、耳の下に当てた人差し指の側面を使って老廃物を下に流すように、鎖骨へ向かって押していきます。反対側も同様に。

3

鎖骨に指を当てて、呼吸をする

「はじめの基本」の手順④と同じように、鎖骨のくぼみに、親指以外の指をひっかけて、3回ゆっくりと呼吸をします。

P ポイント

- ○「はじめの基本(P78)」で、鎖骨のリンパ節を開き、老廃物が流しやすい状態になっています。そこに老廃物を流して、顔の血行やリンパの流れをよくします。
- ○耳の下から鎖骨へ向かって押していくときに痛みを感じる人は、首がかなりこっています。ゆっくりとコリをとっていくようにしましょう。

スペシャルケア

「肌のくすみ」が気になる人に…

美肌づくりは顔の血の巡りを よくすることから

血液やリンパの流れが悪いと、肌がくすんできます。夜の洗顔後に、手の指を使って、顔全体の巡りをよくするマッサージを行いましょう。さらに、美肌づくりに欠かすことのできないビタミンC、ビタミンEを多く含むフルーツや野菜を積極的に摂りましょう。

フェイシャルマッサージ

［ おすすめのエッセンシャルオイル ］

ローズ、ローズウッド、シダーウッド、
サンダルウッド、フランキンセンスなど

1

両手を顔の前で合わせ、呼吸をする

ブレンドしたオイルを手のひらにとり、両手のひらを顔の前で合わせて、手のひらの中心に、意識を集中させます。そのまま、3回深呼吸をします。

Check

86ページで紹介した額のマッサージをプラスすると、顔全体の血液やリンパの流れがよくなり、顔色が明るくなっていきます。

2

顔の中心から外側へマッサージ

鼻の両脇に左右の手のひらをピタリと当てて、顔の中心から外側へ向かって圧をかけてマッサージをします。

上半身のケア

リラックス&デトックスマッサージ

緊張を緩めて体にたまった毒素を排出！
疲れにくく、メリハリのある上半身に

標準体重よりも、それほどオーバーしているわけではないのに、今までお気に入りだったキャミソールやTシャツが、何となく似合わなくなってきた。首が太くなった感じがしたり、二の腕やポッコリと出たおなか周りが気になる……。

そんな人は、まずはデコルテのマッサージで、忙しい毎日に疲れてカチコチに緊張している上半身をリラックスさせましょう。胸の緊張が緩んでくると、ゆったりとした気分になります。体がリラックスしたら、おなかにたまった余分な水分を排出するマッサージで、体のデトックスをしましょう。おなか周りがスッキリとして、くびれのあるウエストがよみがえります。

バスト、二の腕など、気になるパーツ別マッサージも紹介しますので、自分の体の状態に合わせて、組み合わせるとよいでしょう。

[おすすめのエッセンシャルオイル]

◉リラックスマッサージ(デコルテ、バスト)には……

ローマンカモミール、マジョラム、
ラヴェンダーファイン、スウィートオレンジなど

◉デトックスマッサージ(二の腕、おなか周り&ウエスト)には……

ジュニパー、レモン、グレープフルーツ、
ローズゼラニウムなど

◉そのほかのマッサージ(ひじ、手、首、肩)には……

サイプレス、ローズマリー、セージオフィシナルなど

※エッセンシャルオイルは、キャリアオイルとブレンドして使用しましょう。

◎ リラックス＆デトックスマッサージの流れ ◎

上半身のケアには、①～⑧までをセットで行うのが理想です。ただし、忙しいときには、自分が一番気になっているパーツのみでもＯＫ。その際、できれば、リラックス機能を高める①デコルテ、体をデトックスさせる⑧おなか周り＆ウエストを行うと、心身ともに元気になれますよ。

1

デコルテ（P96）

胸のこわばりを解消し、より深い呼吸ができるようになることで、ストレスのたまった体をリラックスさせます。鎖骨のラインに沿って、中央から外側へ向かって、指先で胸の筋肉をほぐしていきます。

↓

2

バスト（P98）

デコルテ同様、リラックスをもたらすマッサージです。体の芯がほぐれることで心も開き、「私なんて……」と自分を責めていた状態から、「私だって大丈夫」と安心感をもたらしてくれます。

↓

3

二の腕（P100）

二の腕にたまった水分の排出を促して、スッキリとさせていきます。腕のつけ根である肩甲骨周りをほぐし、水分を排出しやすくさせてから、ひじから腕をマッサージします。

↓

④

ひじ（P102）

パソコン作業などで、ひじが疲れている人が増えています。ひじにあるツボを刺激して、血行をよくすることで、手の冷えなども解消されていきます。次の手のマッサージとセットで行うと効果的です。

↓

⑤

手（P104）

仕事の合間や通勤時など、ちょっとした空き時間に簡単にできるマッサージです。手首の血行を流し、1本ずつ指をマッサージして血の巡りをよくすることで、疲れや冷えが解消されます。

↓

⑥

首（P106）

首のつけ根から肩にかけての重さ、だるさをやわらげるマッサージです。うなじと、首の両わきを押し流していくことで、カチカチになっていた筋肉をほぐしていきます。

↓

⑦

肩（P108）

肩のこりをほぐすとともに、頭の重さ、だるさもやわらぎます。首のマッサージとセットで行うのがベストです。肩こりが解消されると、顔の表情も女性らしく穏やかになります。

↓

⑧

おなか周り＆ウエスト（P110）

体のデトックスを促すマッサージです。体にたまった毒素の排出を促し、腸の働きも活性化します。おなか周りが引き締まるだけでなく、体のむくみや疲れにもおすすめです。

デコルテ 1

胸のこわばりをほぐす

1

首筋から胸に
オイルをなじませる

オイルを手のひらにとって混ぜ合わせ、首〜鎖骨〜胸にかけてなじませまるようにつけます。

2

胸の中心に手を置く

鎖骨の下の胸の中心に手を置き、肋骨の骨と骨の溝に指が1本ずつ入るように手を広げます。

Check
１分程度、繰り返しましょう。胸がかたいと感じた人は３〜５分を目安に。

3 胸の中心から外側に向かって、指先で押していく

自然な呼吸をしながら、胸の中心から外側へ向かって、指先でゆっくりと押していきます。反対側の胸も同様に。

Pポイント

- 胸の筋肉がほぐれると深く息を吸えるようになり、リラックスできます。さらに、血行やリンパの流れも活性化して、顔色もよくなります。
- 肋骨に沿って胸を押していくときに、痛みを感じる人は無理をせず、やさしく押して何度も繰り返すようにしましょう。次第にほぐれていきます。

バスト 2

バストの形を整える

1 **オイルをなじませ、
左右の手でバストを支える**

デコルテと同じリラックスマッサージ用のオイルを手にとり、バストになじませます。左手は左のバストの側面に当て、右手は左バストの上に当てます。

2 **バストを包むようにさする**

息を吸い、吐きながら、右手は中心から外側へ、左手は外側から中心に向かって、両手のひらでバストを包み込むように、1、2、3と3回さすります。これを3回繰り返します。

3 わきの下を押す

右手を左のバスト上に当てて中心から外側へさすり、バストのつけ根を手でつかむようにして、少し前へ持ってきて、そのまま、指先で軽く押します。

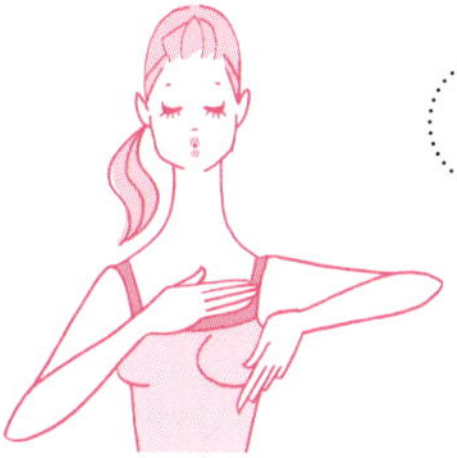

4 バストを包むように持ち、呼吸をする

左手は左のバストの側面に当て、右手は左バストの上に当て、両手でバストを包みこむように持ちます。そのままの状態でゆっくりと深呼吸。3〜5回繰り返します。①〜④までを反対側も同様に。

P ポイント

- 96ページのデコルテと一緒に行うのがおすすめです。どちらもリラックスすることが目的なので、使用するオイルも共通です。
- 手順④で自分のバストを持って呼吸をすることで、体の芯がほぐれるとともに心も開き、不思議な安心感に包まれます。究極のセルフマッサージです。

二の腕 3

たまった水分を流す

1

ひじから二の腕、肩甲骨にオイルをなじませる

オイルを手のひらにとって混ぜ合わせ、左右のひじ～二の腕～肩甲骨までなじませまるようにつけます。

2

肩甲骨をほぐす

左腕のつけ根の部分にあたる肩甲骨に右手を当てます。息を吸って、吐きながら人差し指、中指、薬指の指先を揃えて、円を描くようにほぐしていきます。5周1セットで3回繰り返します。

3 ひじから腕のつけ根を押していく

左腕をＬ字に曲げ、ひじの下に右手を当てます。息を吸って、吐きながら、指の腹を使って、ひじから腕のつけ根へ向かって、１、２、３と圧をかけていきます。

4 わきの下を押す

左のわきの下に、右手の指先の第２関節ぐらいまでを当てます。息を吸って、吐きながら、そのまま、上に向かってわきの下に、１、２、３と３回圧をかけます。②～④を反対側も同様に。

Pポイント

○プルプルした二の腕は、二の腕に余分な水分がたまっているサイン。肩甲骨をほぐし、わきの下へ水分を流しましょう。

○肩甲骨、ひじから腕をほぐすときに痛みを感じる人は、ていねいにほぐして。痛みがなくなれば血の巡りがよくなり、二の腕が引き締まります。

ひじ 4

腕のだるさを解消

Check
サイプレス、ローズマリーなど血の巡りをよくするオイルがおすすめです。

1 **ひじから手まで オイルをなじませる**

オイルを手のひらにとって混ぜ合わせ、左右のひじ〜手までなじませるようにつけます。

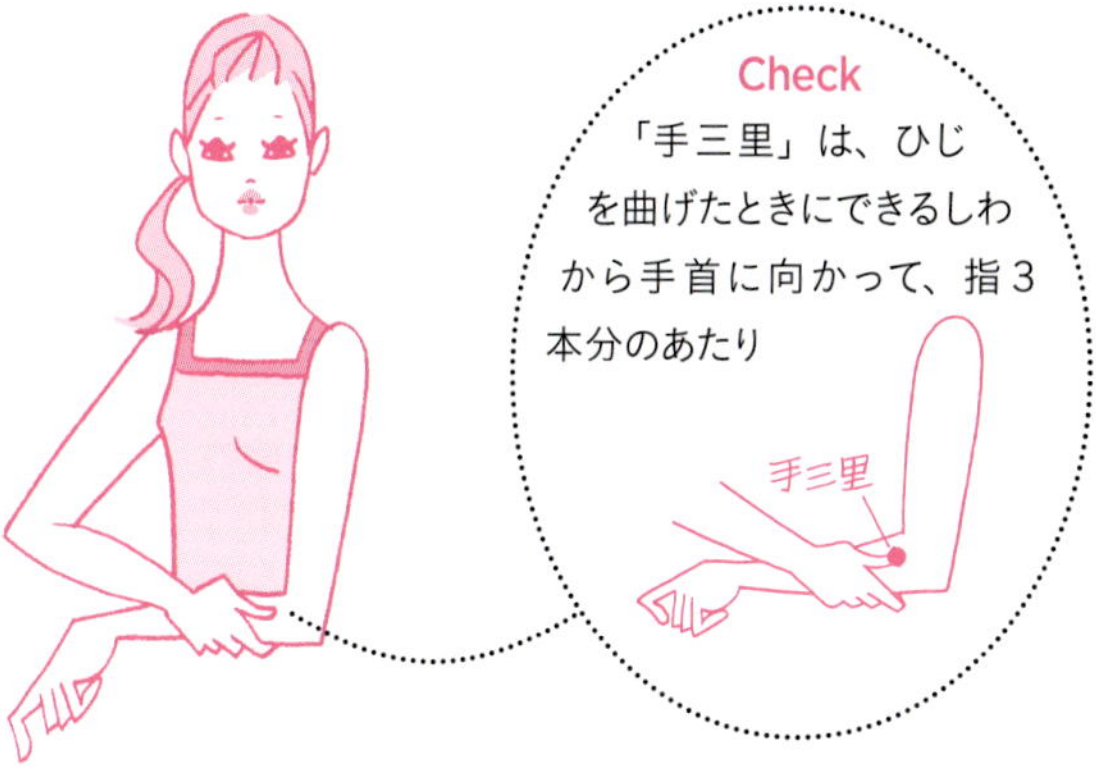
Check
「手三里」は、ひじを曲げたときにできるしわから手首に向かって、指3本分のあたり
手三里

2 ひじの外側を押す

ひじにあるツボ「手三里」を、息を吸い、吐きながら反対側の親指で押します。反対側も同様に。

P ポイント

- 「手三里」は、手や腕の疲れがたまるポイントであり、こりを緩和するツボです。吐く息と同時に、ギューッと押しましょう。
- ひじと一緒に104ページの手のマッサージを行うと、ひじから先の血行が一気によくなります。手の疲れがとれて、指先がポカポカしてきます。

手 5

手を温める

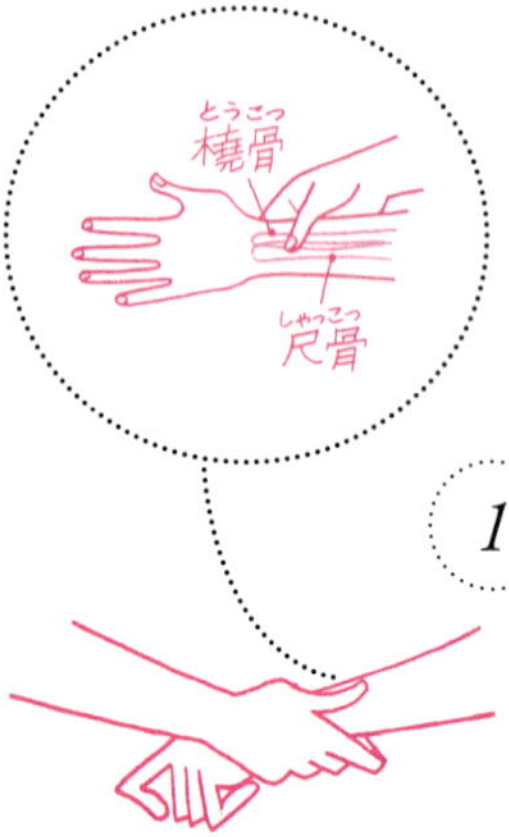

1 **手首の骨と骨の間のくぼみを押し流す**

左手の手首の骨と骨の間にあるくぼみに右手の親指を当てます。手首からひじへ向かって、右手の親指を滑らせるようにして、溝に沿って押し流していきます。反対側も同様に。

2 **左右の手を組む**

左右の手を甲と甲を合わせるように組み、指と指の間に圧をかけます。

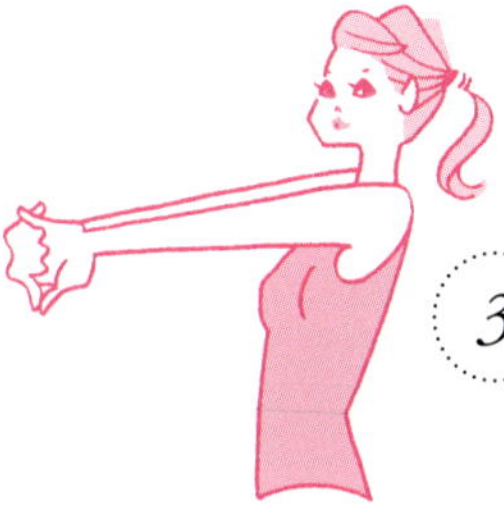

3 手を組んだまま腕を伸ばす

左右の手を組み、手の平が自分の側にくるようにして、よく指を伸ばします。続けて、手の甲が自分側にくるように向きを変えて腕を伸ばし、再び指を伸ばします。それぞれ3回ずつ行います。

4 指を1本ずつ引っ張る

組んだ手を離し、指を1本ずつねじるようにひっぱります。

P ポイント

○ 手順①は、手の疲れを素早く解消する方法です。オフィスなどで、オイルが用意できないときには、ハンドクリームなどを使って行いましょう。

○ 指を1本ずつ伸ばすときには、ひねりを入れて引っ張ると、指の先まで血行がよくなります。手の色もみるみるうちに変わっていきます。

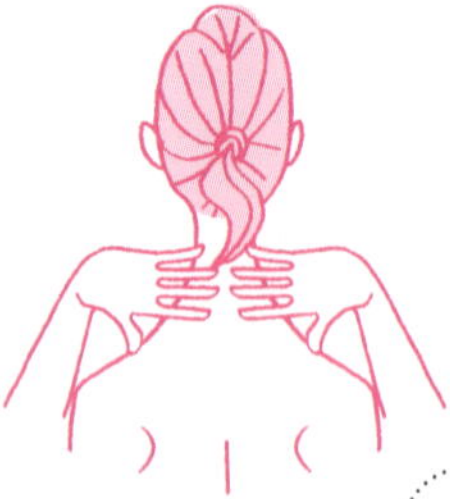

首 6

首のこりをほぐす

1 首にオイルをなじませる

オイルを手のひらにとって混ぜ合わせ、首のつけ根から肩にかけてなじませます。

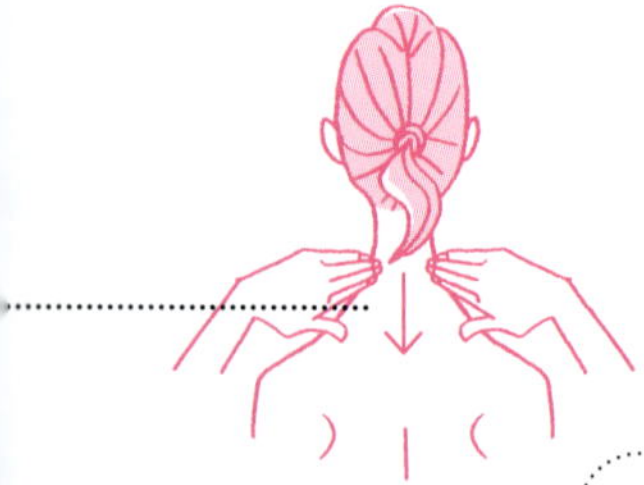

2 うなじから下へ向かって圧をかける

うなじに左右の指先を当てます。息を吸い、吐きながら、下へ向かって、1、2、3、4、5と、圧をかけていきます。

3

首の両わきに圧をかけていく

首の両わき(耳の下あたり)に、それぞれ左右の指先を当てます。息を吸い、吐きながら、上へむかって押していきます。3〜5回行います。

Check

うなじ＝首のつけ根の頭のくぼみのところに、指先を当てて押していきます。

Pポイント

○ 首のマッサージには、サイプレス、ローズマリー、セージオフィシナルなどのエッセンシャルオイルを使うと、血液の流れが活性化して効果的です。

○ 首のこりだけでなく、頭が重い、肩こりが気になる人にもおすすめのマッサージです。108ページの肩のマッサージとセットで行いましょう。

肩 7

肩こりを解消

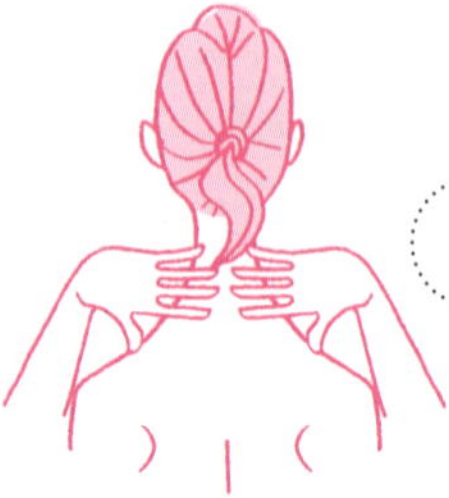

1

首から肩に
オイルをなじませる

オイルを手のひらにとって混ぜ合わせ、首のつけ根から肩にかけてなじませます。

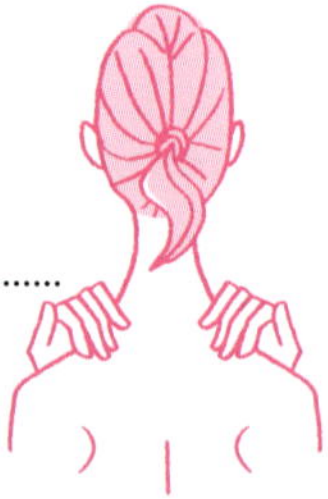

2

両肩を指先でほぐす

左右の肩に、それぞれ左右の手を置きます。肩の骨の少し内側のかたくなっているところ、押すと痛いところを、指先に力を入れてほぐします。

3

首のつけ根に親指を当て、頭を後ろへ傾ける

首のつけ根に左右の親指を当てます。そのまま、息を吸って、吐きながら、頭をゆっくりと後ろへ傾けていきます。

Check
指先に力を入れるときには、息を止めず、ゆっくりと呼吸をしながら行います。

Pポイント

- ○ 肩こりがひどい人は、風呂上がりや、熱いタオルで首や肩の周りを温めてから行うとよいでしょう。その後、オイルをなじませましょう。
- ○ 106ページの首のマッサージと同様、血行をよくするエッセンシャルオイルを使うと疲れがほぐれます。

おなか周り＆ウエスト 8

ウエストのくびれをつくる

1 おなか周りからウエストにオイルをなじませる

オイルを手のひらにとって混ぜ合わせ、おなかに手を当て、時計回りでおなか全体になじませるようにつけていきます。

2 ウエストのくびれをつくる

息を吸い、吐きながら親指を前に滑らせて、おへその下へ向かって押し流します。これを3回行い、反対側も同様に。

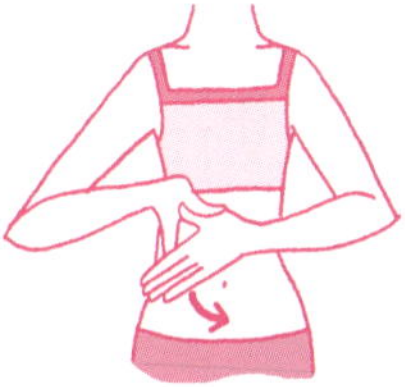

3　わき腹から おへその下へ押し流す

わき腹から、おへその下3㎝のところへ向かって、手のひらで圧をかけながら、押し流すように圧をかけます。反対側も同様に。

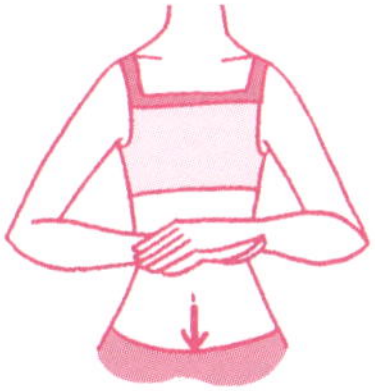

4　みぞおちから おへその下へ押し流す

みぞおちの前で手を合わせ、手のひらのつけ根（手首の内側）をおなかに当てます。息を吸い、吐きながら、みぞおちからおへその下3㎝へ向かって、手のひらのつけ根で押していきます。3回繰り返します。手順①〜④を3回繰り返します。

P ポイント

- 余分な水分や老廃物がたまると、おなか周りがぽっこりとしてきます。それらを流すイメージで、おへその下へ向かって押し流しましょう。
- 手順②は、ウエストのくびれをイメージしながら、親指を使ってわき腹をグーッと前へ持ってきます。ここがウエストラインの決め手です。

下半身のケア

血の巡りをよくするマッサージ

血行を促進して冷えやセルライトを解消！ むくみ知らずのスッキリとした下半身に

上半身はほっそりしているのに脚が太く、お尻が大きくてヒップラインも垂れ気味……。年齢を重ねるとともに、下半身のたるみが気になってくる女性は多いことでしょう。

下半身太りの原因のひとつに、冷えがあります。冷えは、血行が悪い証拠。血液の巡りが悪いと、余分な水分や老廃物がスムーズに排出されず、体に蓄積されます。それらが脂肪とくっつくとセルライトに。また、心臓から下半身へ送りだされた血液は、足の筋肉によって心臓に戻されます。ところが、筋力が弱かったり、筋肉をあまり動かさなかったりすると血行が滞って足がむくみ、だるくなります。

下半身のなかでも、ふくらはぎ、太もも、お尻は血行が悪くなりやすい場所。心臓から遠い場所の足からスタートしてヒップラインまで、順にマッサージをし、血液の巡りを改善しましょう。

［おすすめのエッセンシャルオイル］

サイプレス、ローズマリー、セージオフィシナル

※エッセンシャルオイルは、キャリアオイルとブレンドして使用しましょう。

◉ 血の巡りをよくするマッサージの流れ ◉

下半身をスッキリさせたいのであれば、できるだけ①〜③まで順番にセットで行いましょう。両脚で8〜10分を目安に。最初は押すとかたくて痛いかもしれませんが、続けていくうちにほぐれていきます。同時に血液の巡りがよくなり、むくみにくい体に変わります。

1 **足〜ふくらはぎ（P114）**

下半身のたるみ、冷えやだるさを解消するには、最も冷えやすい足先の血行をよくすることからスタート。足の甲をほぐしてから、くるぶしからふくらはぎにかけてマッサージをします。

↓

2 **ひざ〜太もも（P116）**

下半身のむくみがひどく、デトックスが必要な人ほど押すと、重点的にほぐしたい場所です。この部分を押したときの痛みがとれてくると、セルライトや冷えが改善されていきます。

↓

3 **ヒップライン（P118）**

太ももとお尻の境目があやふやになってくると、下半身がどっしりと見えてしまうことに。手のひらでヒップ全体を持ち上げるようにマッサージをして、キレイなお尻の形をつくっていきます。

〈スペシャルケア〉（P120）

「足の静脈が目立つ」ことが気になる人に…

足～ふくらはぎ 1

足のむくみ、冷えを解消

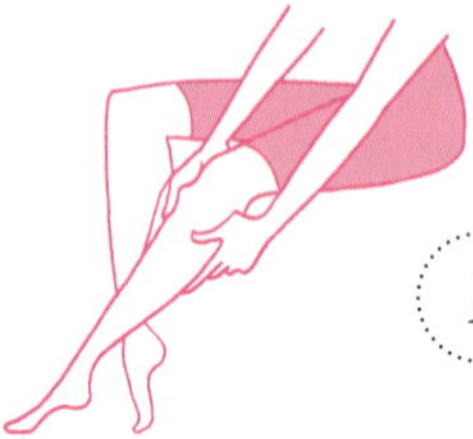

1

足のつま先から太ももまでオイルをなじませる

ブレンドしたオイルを手のひらに適量とって、足のつま先～ふくらぎにかけて、なじませるようにつけます。

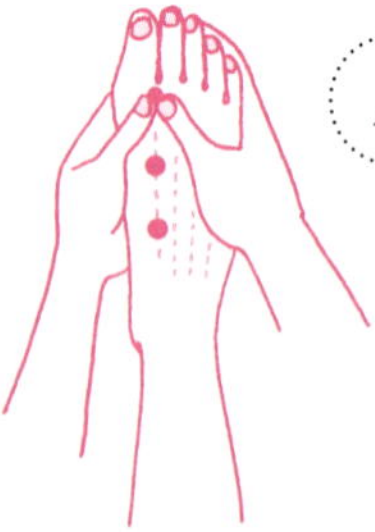

2

足の甲をほぐす

足の甲の親指のつけ根よりやや下に両手の親指を置きます。足の甲にある骨と骨の間に左右の親指を置き、ゆっくりと押します。つま先から足首に向かって、3か所ずつプッシュします。

3

くるぶしから ひざに向かって押す

内くるぶしからひざに向かっている骨のライン（ふくらはぎ寄り）に沿って、親指で押し上げていきます。ゆっくりと２～３分を目安に。外くるぶし側も同様に。

4

内くるぶしから 10 ～ 15㎝上を押す

③のライン上で、内くるぶしから10～15㎝上のところを親指（親指のつけ根でもＯＫ）でゆっくりと３回押す。外くるぶし側も同様に。①～④を反対側の足も同様に。

P ポイント

○ 手順②で、親指で押すと痛い人は無理をせず、親指のつけ根（手のひらの根元）の部分を使いましょう。ほぐれて痛みがなくなったら親指に。

○ 手順③で押す場所は、くるぶしからひざのラインで最も一番痛いところを。この部分の痛みがとれてくると、足首がキュッと引き締まってきます。

ひざ〜太もも 2

セルライトを解消

1

ひざ頭に円を描く

ひざ頭(ひざのお皿)を、親指と人さし指で指先に力を入れながらなぞります。

2

ひざ頭の上を持ち上げる

ひざ頭の上の部分を、両手の指先を交互に当てて、上へ持ち上げるように細かく刺激をしていきます。

3 太ももの側面を押し上げる

ひざ立ちの姿勢になります。太ももの外側のひざからヒップにかけてのラインを、指の腹を使って押し上げるようにマッサージします。①～③を反対側の脚も同様に。

Check
押し上げるラインは、パンツを履いたときに、サイドの縫い目があたる部分です。

P ポイント

- ひざ頭周辺は、非常にむくみやすい場所です。ひざ頭の周辺がかたい人は、手順①をていねいに行いましょう。
- むくみがひどい人ほど、手順③で痛みを感じます。血行がよくなるので、下半身が冷えやすい人におすすめです。

ヒップライン 3

キレイなお尻の形をつくる

1 **太ももの内側を両手のひらでほぐす**

軽く足を開いて立ちます。左太ももの内側に両手のひらを交互にあてて、もみほぐします。

2 **太ももの外側を両手のひらでほぐす**

①と同じ要領で左太ももの外側に両手のひらを交互にあてて、もみほぐします。押し上げるようにマッサージします。

3 ヒップを手のひら全体で持ち上げる

左側のヒップに左の手のひらを当てます。手のひら全体で、ヒップを持ち上げるようにマッサージをします。①〜③を右側も同様に。

Check
ヒップを持ち上げるときには、内側から外側へ向かって押し上げるように。

Pポイント

- ○太ももをもみほぐすときには、内側も外側も、両手のひら全体を使って上へ上へと持ち上げるようします。
- ○太ももの外側をもみほぐしたら、手順③でヒップラインのところまでグーッと持ち上げます。続けるうちに、お尻の形がキレイになっていきます。

スペシャルケア

「足の静脈が目立つ」ことが気になる人に…

血行を促し、むくみや冷えを解消

足がだるい、重たいといった症状とともに「ふくらはぎや太ももの表面に緑や紫の血管の色が目立つようになった」と訴える女性が増えています。これは、血液が体の末端の脚にたまりやすくなっている状態です。ていねいに脚のマッサージをして血行を促しましょう。

つま先から脚のつけ根のマッサージ

[おすすめのエッセンシャルオイル]

サイプレス、ローズマリー、セージオフィシナル、ペパーミント

1 くるぶしから ひざに向かって押す

内くるぶしからひざに向かっている骨のラインに沿って、親指で押していきます。外くるぶしも同様に。

Check

血管が透けて見えていたり、浮き出ていたりする場所は、指先で強く押さないように。手のひらなどで、やさしくマッサージしましょう。

2 太ももから ヒップにかけて押していく

太ももの外側からヒップにかけて指の腹を使って押し上げていきます。太ももの内側も同様に。

心と体の不調をケア

気になる悩みを解消！

心と体の元気を取り戻せば あなたの全てが美しくなる

体型に関する悩みだけでなく、「人疲れしやすい」「手足が冷える」など、心や体の不調を訴える女性が増えています。髪がツヤツヤで、肌にハリや透明感があり、キュッと引き締まったボディであっても、心や体が疲れていては、輝く笑顔で毎日を過ごすことは難しいものです。

ＳＨＩＧＥＴＡのセルフマッサージで体の内側を活性化し、本来持っている体の機能を取り戻して、つらい症状をケアしましょう。心と体のトラブルが解消されていくとともに、顔の表情が豊かになり、自然と気持ちも前向きになっていきます。

１２４ページから、悩み別のケア方法を紹介します。上半身＆下半身のマッサージで紹介した集中ケアと共通するものもありますが、体の声を聞きながら毎日のケアに取り入れてください。また、マッサージは、必ず自然な呼吸をしながら行いましょう。

[おすすめのエッセンシャルオイル]

各ケアのページで紹介しますので、
参考にしてください。
どのマッサージも、最初にブレンドしたオイルを、
マッサージする部位になじませてから行いましょう。

※エッセンシャルオイルは、キャリアオイルとブレンドして使用しましょう。

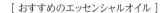

片頭痛

血行を改善して
リラックスを心がける

頭の片側がズキズキと痛む片頭痛。片頭痛の原因ははっきりとしていませんが、ストレスなどで頭が緊張してこわばり、頭痛を引き起こすといわれています。頚骨のズレから、血液の流れが悪くなることもあります。こめかみと首のマッサージで血行を改善しましょう。痛みがひどいときには、早めに専門医へ行きましょう。

こめかみと首のマッサージ

[おすすめのエッセンシャルオイル]

サイプレス、ローズマリー、
セージオフィシナル、ペパーミント

※目の周りはデリケートなので、
ブレンドしたオイルを1滴でOK

1

眉頭からこめかみへマッサージ

左右の眉頭に左右指先を当て、こめかみまでなぞります。こめかみまで来たら、フッと息を吐きます。そのまま、左右のこめかみを左右の指先で円を描くようにマッサージをします。

2

目の下からこめかみへマッサージ

目の下の顔の中心寄りに、左右の指先を当て、こめかみまでなぞります。こめかみまで来たら、フッと息を吐きます。そのまま、左右のこめかみを左右の指先で円を描くようにマッサージをします。

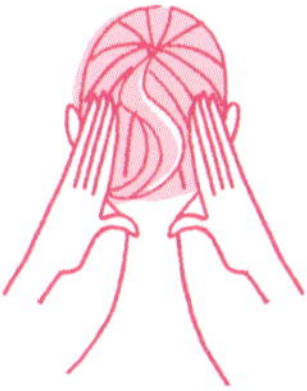

3

うなじから下へ向かって押していく

うなじに左右の親指を当てます。肩へ向かって親指で押していきます。

生理痛(PMS)

血の巡りをよくしてデトックス

生理痛（PMS）は病院に通うほどではなくても、悩んでいる女性が多いのではないでしょうか？

生理痛の原因のひとつとして、血液の流れが滞り、体内に老廃物がたまっていることが考えられます。脚のマッサージで、血行を促しましょう。生理痛で腰が重いときには、ブレンドしたオイルをおなかから腰周りになじませると、エッセンシャルオイルの作用でラクになります。

脚のマッサージ

[おすすめのエッセンシャルオイル]

サイプレス、ローズマリー、
セージオフィシナル、ペパーミント

1

つま先から脚のつけ根に向かってマッサージ

足のつま先から脚のつけ根へ向かって、手のひら全体を使って、さするようにマッサージをします。脚の外側と内側の両方を行います。反対側の脚も同様に。

Check

冷えやむくみ解消を促す
エッセンシャルオイルの作用で、
下腹部を温めると、生理の際の
腰の重みやだるさがやわ
らぎます。

2

下腹周りにブレンドしたオイルをなじませる

おへその下3㎝(丹田)から、その裏側の骨(仙骨)を通るおなかまわりに帯状に、ブレンドしたオイルをなじませます。

目覚めが悪い

体の中心を温める

「朝起きると、頭がボーッとしていてスッキリしない」といった状態のときには体の中心を温めると、体が活動するための準備が整ってきて、スッキリと目覚めることができます。足の裏にある、足腰や下腹部の冷え解消のツボ「湧泉《ゆうせん》」を押すのもおすすめです。

おなかと背中に手を当てて呼吸をする

［おすすめのエッセンシャルオイル］

ローズマリー、パイン、オレガノなど

これもおすすめ！

足の裏を押す

足の裏の土ふまずにあるツボ「湧泉」に、ブレンドしたオイルをつけます。左右の親指で1分押し続けます。

1

丹田と仙骨に手を当てる

ブレンドしたエッセンシャルオイルを、おへその下3cm(丹田《たんでん》)と、その後ろ側にあたる部分(仙骨《せんこつ》)になじませます。

Check

おへその下3cmは「丹田」と呼ばれ、体のバッテリーがある場所。手を当てて呼吸をすることで、体に活動のスイッチが入ります。

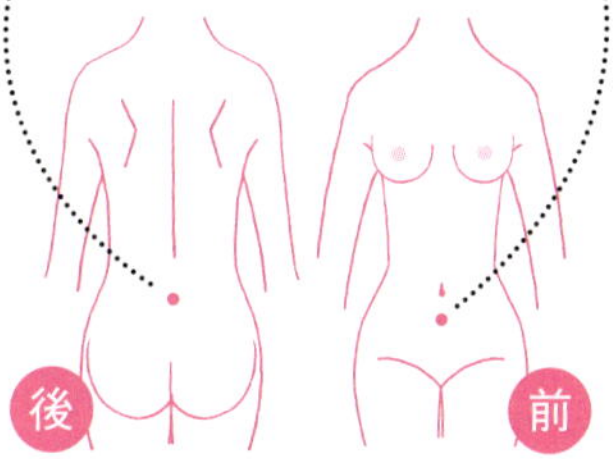

2

手を当てたまま、呼吸をする

オイルを塗った場所にそれぞれ手のひらを当て、手に意識をしながら、ゆっくりと自分のペースで呼吸をします。体の中心に気が流れて、ポカポカしてきます。

筋肉や関節の痛み

血の巡りをよくしてデトックス

スポーツの前後をはじめ、日常生活で体に痛みを感じたときには、痛い場所の筋肉を緩めてみてください。痛い場所に意識を集中させ、ゆっくりと自分のペースで呼吸をすることで、周辺の筋肉が緩んで痛みがラクになります。ただし、痛みがひどいときには、早めに専門医に診てもらいましょう。

痛い部分に
手を当てて呼吸をする

[おすすめのエッセンシャルオイル]

ローズマリー、ウィンターグリーン、
ラベンダーなど

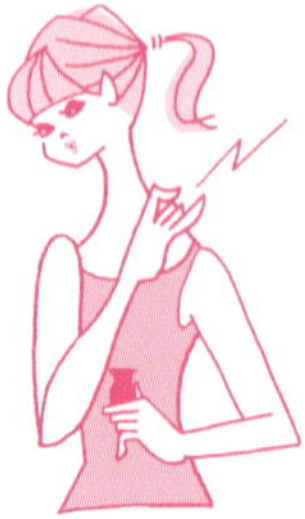

1 痛みのある場所にオイルをなじませる

足や肩など、痛みや違和感を覚えている場所に、ブレンドしたオイルをなじませながら、さすります。

2

痛みがひどい部分に手を当てる

痛みの最も強い部分が、手のひらの中心にあたるように手を当て、ピタッと押さえます。

Check

意識を集中させて呼吸をすることで、痛みの場所が温まって、痛みがやわらぎます。

3

意識を集中させて呼吸をする

手のひらを当てたまま、痛みのある場所に意識を集中させて、ゆっくりと1回呼吸をします。

疲れやすい

状況に合わせてベストなマッサージを

一口に「疲れやすい」といっても2つのタイプがあり、ケア方法も異なります。

「すぐに疲れてしまう」という場合は、体に毒素がたまってパワーダウンしている状態。デトックスマッサージで体のなかをキレイにして、体力を回復しましょう。

すぐに疲れる人は……
デトックスマッサージ

[おすすめのエッセンシャルオイル]

マージョラム、バジル、レモングラスなど

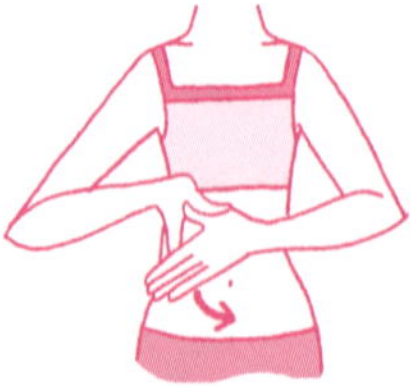

わき腹からおへその下へ押していく

わき腹から、おへその下3cmのところへ向かって、手のひらで圧をかけながら、毒素を流すイメージで押していきます。反対側も同様に。

↓

さらにP110の **おなか周り＆ウエスト** の手順④を行いましょう。

一方、「なかなか疲れがとれない」といった場合は、ストレスがたまって疲れやすくなっている状態。就寝前のリラックスマッサージでぐっすり眠り、ストレスをリセットしましょう。

なかなか疲れがとれない人は……

リラックスマッサージ

[おすすめのエッセンシャルオイル]

ローマンカモミール、マージョラムなど

みぞおちをもみほぐす

みぞおちに手のひらをあて、時計回りに手を動かして、よくもみほぐします。

↓

さらにP96の **デコルテ** のマッサージを行うと効果的！

眠れない

ストレス解消で安眠へ誘う

不眠の原因は様々ですが、「寝つきがよくない、眠りが浅い」といったときには、自分でも気づかないうちにストレスを抱え込んでしまっている状態。胸の筋肉がこわばっている証拠です。やさしく鎖骨をマッサージして胸のこりをほぐしましょう。深く息が吸えるようになり、リラックスでき、熟睡できるようになります。

デコルテのマッサージ

[おすすめのエッセンシャルオイル]

ローマンカモミール、マージョラム、
バジル、レモングラスなど

Check
指先が入りにくい人は、胸の筋肉がかなりこわばっています。最初は無理をせず、やさしく押しましょう。毎日続けるうちにやわらかくなってきます。

1 鎖骨の下の胸の中心に手を置く

鎖骨の下の胸の中心に手を置きます。肋骨と肋骨の間のくぼみに、手の指を1本ずつ入るように手を広げます。

2 体の中心から外側へ向かって押していく

胸の中心から外側へ向かって、指先でゆっくりと押していきます。3～5分を目安に。反対側も同様に。

おなかのトラブル

極度の緊張を解消し、毒素を排出

おなかの調子がよくない原因として、主にふたつ。ひとつは極度の緊張で、もうひとつは、体内の血の巡りが滞って老廃物がたまり、便秘を引き起こすことです。

緊張しやすい人はデコルテのマッサージでリラックスをしてみて

緊張しやすい人は……

デコルテのマッサージ

[おすすめのエッセンシャルオイル]

ローマンカモミール、マジョラムなど

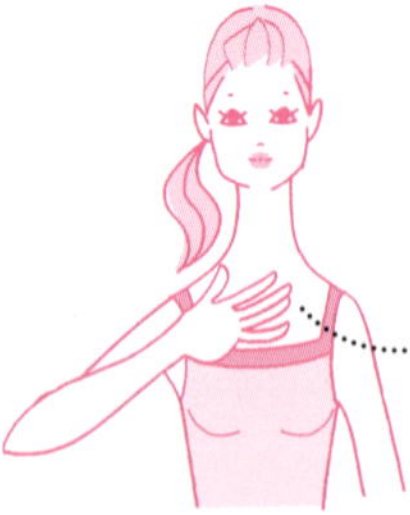

Check
胸のこわばりをほぐすことで、緊張感から解放されていきます。

詳しい方法はP96の **デコルテ** のマッサージで紹介しています。

ください。
便秘気味の人はおなか周りのデトックスマッサージで老廃物の排出を促しましょう。

便秘気味の人は……

おなか周りのデトックスマッサージ

[おすすめのエッセンシャルオイル]

ジュニパー、レモンなど

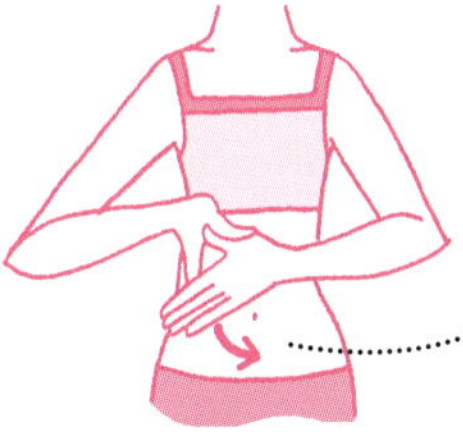

Check
おなかにたまっている老廃物の排出を促し、デトックスをしましょう。

詳しい方法はP110の **おなか周り&ウエスト** のマッサージで紹介しています。

手足が冷える

体の末端をほぐして
体全体の血行をよくする

血液は心臓から全身へと送り出され、心臓へと戻ります。ところが、長時間同じ姿勢でいたり、運動不足が続いたりすると、心臓から遠い体の末端の血行が滞り、冷えを感じるようになります。最近では夏場でも手足が冷たいというような女性も増えています。そんな人は手、足をていねいにマッサージして血の巡りをよくしましょう。

手と足のマッサージ

［おすすめのエッセンシャルオイル］

サイプレス、ローズマリー、
セージオフィシナル、ペパーミント

1

左右の手を組み、腕を伸ばす

手 おすすめ
(詳しくはP104を参考にしてください)

左右の手の指と指を組んで、指と指の間に圧をかけます。続けて、手の指と指を組んだまま、手のひらが自分の側にくるように、腕を伸ばします。次に、手を組んだまま、手の甲が自分側に来るように腕を伸ばします。各3回ずつ行います。

2

くるぶしから脚のつけ根に向かって押していく

足 おすすめ
(詳しくはP114を参考にしてください)

内くるぶしからひざに向かっている骨のラインに沿って、親指で押していきます。外くるぶしも同様に。続けて、太ももの外側からヒップにかけて指の腹を使って押し上げていきます。太ももの内側も同様に。

人疲れ

心と体のバランスを取り戻す

職場やご近所づきあいなど、日常的に特定の人間関係に疲れを感じていると、緊張で胸がこわばって呼吸が浅くなります。すると、リラックスができずに、心と体のバランスが崩れた状態に。

なんだか疲れたな、と感じるときはデコルテのマッサージで胸のこりをほぐし、深い呼吸をしてリラックスしましょう。

風邪をひきやすい

息を深く吸うことで生命力をアップ

呼吸が浅く、体に新鮮な空気を取り入れられる量が少なければ少ないほど、免疫力が下がり、風邪をひきやすくなります。逆に、呼吸がしっかりとできる人ほど免疫力があります。デコルテのマッサージで胸の緊張をほぐし、深い呼吸のできる体を取り戻しましょう。

[人疲れ][風邪をひきやすい]人に共通のケア

Check
硬かった胸の筋肉がほぐれてくると、リラックスします。人間関係に疲れを感じたときには、深呼吸をして心を落ち着けましょう。

1 鎖骨の下の胸の中心に手を置く

鎖骨の下の胸の中心に手を置きます。肋骨と肋骨の間のくぼみに、手の指を１本ずつ入るように手を広げます。

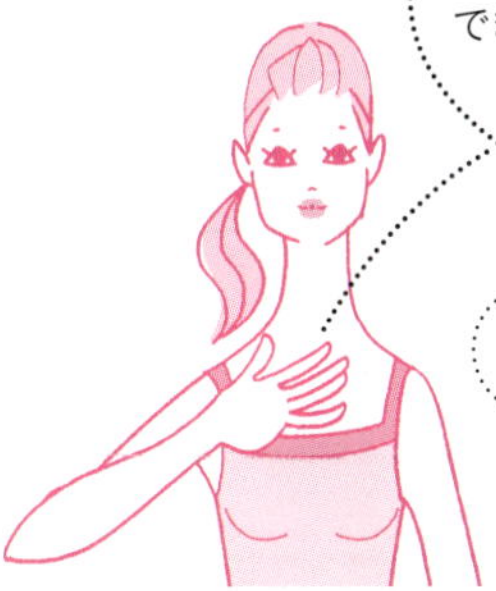

Check
マッサージをして胸のこわばりがとれると、肺活量が増え、元気な身をキープできます。150ページで紹介している「ベーシックブレス」も一緒に毎日のケアに取り入れましょう。

2 体の中心から外側へ向かって押していく

胸の中心から外側へ向かって、指先でゆっくりと押していきます。３〜５分を目安に。反対側も同様に。

Column

私とフランス③
〜自分探しのヒント〜

先日、中学生のときの日記を見つけて驚きました。なんと、そのなかに「将来は、フランスに渡って仕事をする」と記していたページがあったのです。

振り返ってみれば、中学時代に大女優のオードリー・ヘプバーン主演の映画『パリの恋人』を見て“オードリー・ヘプバーン in Paris”の姿に恋をしました。そして、美容サロンを営む家に生まれ育ち、ごく自然に美容の仕事を志すようになった私は、その映画でオードリー・ヘプバーンのヘアメイクを担当した人がフランス人だと知り、フランスに行って仕事をしたいと思ったのです。それが、今、現実となっています。

「このままの自分でいいの？　本当に私がしたいことって何？」と迷ったり、不安になったりしたときには、小さいときに興味があったこと、憧れていたことを思いだしてみては？　自分探しの答えや内面を磨くヒントが、きっと見つかりますよ。

第4章

SHIGETA流　美容ライフスタイル

人生を変えた呼吸法

ほとんどの人が、普段は意識することもなく、呼吸をしていることでしょう。生きていくうえで、ごく自然なことです。私もずっとそうでした。

ところが、今から13年ほど前に、意識をして呼吸する方法をはじめて、私の人生は大きく変わりました。意識した呼吸とは、第1章でもお話ししましたが「息を吸うことと吐くことを意識して行う呼吸」のことです。はじめて「意識した呼吸」を実践したときに感じた気持ちのよさ、体のなかを気が通っていく感じは、今でも鮮明に覚えています。

あまりの心地よさに、当時、すでに美容やマッサージの仕事をしていた私は、「呼吸法を、クライアントを施術するときにやってみたらどうなるのだろう?」と考えました。実際に試してみると、1日に5人~7人のマッサージが続いても全く疲れなかったのです。

さらに、呼吸法を取り入れながらマッサージをすると、クライアントの体の声が聞こえてくることにも気がつきました。「どこが悪いのかしら？」と手で探っていかなくても、触れるだけで「今日はここが疲れているんですね。では、むくみ解消のマッサージですね」といった具合に、クライアントの体の状態がわかるようになったのです。

振り返ってみれば、それまでの私は、どこかに「私が一生懸命にマッサージをして、あなたの体の調子を整えてあげる」といったおごりがありました。極端に言えば、相手の体の声を聞くよりも先に、私がやりたいマッサージをしていたのです。しかし、呼吸法を取り入れて施術するようになってからは、不思議なことにおごりが消えました。呼吸によって自然の力をもらい、自然とクライアントと私の３つが一緒に循環して、いいコミュニケーションで施術ができるようになりました。

このように、「意識した呼吸」を学んだことで、私の施術は誰もが無理のない施術へ変わりました。セルフケアにおいても呼吸法は、自分の体とコミュニケーションをとる方法として有効です。この章で紹介していきますので、ぜひトライしてみてください。

自分の存在感をアピールする

意識した呼吸を行うと様々な変化が起こりますが、最も大きな作用は体内器官の促進でしょう。私が提案する呼吸法の最大のポイントは、意識的に横隔膜を動かすことです。横隔膜が上に動くと、まるで心臓マッサージをしたかのように、血行がよくなり、体が温まり、首や肩のこりが軽くなります。そして、横隔膜が下に動くと、腸のマッサージをしたかのように、お通じがよくなります。また、体全体の動きが活性化することで、体内にたまっていた毒素が排出されやすくなります。呼吸法は、体の内側からのマッサージです。

また、東洋では、血液や水分と一緒に「気」も体中を巡っていると考えられています。「元気」「やる気」「気力」といった言葉があるように、気は私たちの心と体の状態を左右します。気の巡りが滞れば、元気もやる気も気力もなくなってしまうでしょう。意識した呼吸をすることによって、血行とともに気の巡りを整えることができます。

さらに、呼吸法によって、自分の気が巡り始めると、存在感が出せるようになってきます。というのも呼吸法をするときには、必然的に自分自身に意識を集中させることになりますが、それによって、その人の一番魅力的な面が出てくるのです。例えば「目力が出る」「姿勢がスッと伸びる」などです。すると、自分が相手に与える印象がものすごく変わってきます。ですから私は、大事な人と会うときや重要な会議など、自分の存在をアピールしたいときには、呼吸法を3回程度することを勧めています。

ちなみに、私のクライアントには、オペラ歌手などステージに立つ仕事をしている方が多くいます。彼女たちは、歌い始めるより前、舞台に出た瞬間にどれだけ注目をしてもらえるか、言い換えれば、自分の存在感をアピールすることを非常に大切にするそうです。

舞台に立つ人でなくても、呼吸法で体と心の調子を整え、自分の魅力を引き出すことができれば、あなたの毎日はもっとカラフルで楽しくなるはずです。

こわばった体を「意識した呼吸」でほぐす

体がこわばっていると、呼吸がスムーズにできません。こわばっているかどうかは、鏡の前で自分の肩の状態を見るとわかります。今からチェックの方法をお教えしますね。

まず、リラックスして足を軽く開いて鏡の前に立ちます。そのときの肩の位置をチェックしておきましょう。そのままゆっくりと鼻から息を吸い、肩の動きの変化を確認します。息を吸いこむときに、自然と肩が大きく上がってしまう人は、まさに体がこわばった状態です。これでは、息を吸ったときに肺が開かないので、呼吸が浅くなり、十分な酸素を体内に取り込むことができません。

このような人は、呼吸法にトライする前に、96ページで紹介した「デコルテのマッサージ」をして、まずは胸の筋肉をていねいにほぐし、心身ともにリラックスをしましょう。筋肉の緊張が解けてくると、少しずつ肺が広がるようになり、肺活量も増えていきます。すると、自然に肩も下がってきます。

美容の仕事でいろいろな人と接していますが、実は、不調を抱えている人に一番多く見られるのが、このような肩が上がった状態です。長時間同じ姿勢でパソコン作業をしていたり、仕事や人間関係のストレスが重なったりして、心身ともに持続した緊張状態が続いていると、気づかないうちに胸元あたりの筋肉がカチカチになります。同時に肩も上がって、それが首や肩のこりを引き起こすことにもつながります。

私も、ゆったり呼吸ができるときもあれば、呼吸が浅くなってしまうときもあります。気持ちにゆとりがあると体もゆるみ、深い呼吸ができます。でも、忙しくてゆとりが持てなくなると、体が縮こまって浅い呼吸になり、体も違和感を覚えるようになります。そんなときは、家で呼吸の時間を長めにとって調整をしています。最初はうまくできなくても、意識して取り組んでいくうちに、誰でも上手にできるようになります。

では、次のページから、私も行っている具体的な呼吸法について紹介しましょう。

意識した呼吸

[ベーシックブレス]

おなかと肺(胸)を意識的に動かすことで、横隔膜が上がったり下がったりします。全身の血液循環がよくなり、体が軽く感じられるようになります。首や肩のこりもラクになるでしょう。胸を開くと同時に、背骨のバランスがとれて、姿勢もよくなっていきます。

1 イメージをする

足を肩幅に軽く開いて立ち、背中をまっすぐに伸ばします。肩は下げ、リラックスし、おなかと肺に、1個ずつ風船があることをイメージします。

P ポイント

- 息を吸うときには、日の光や気持ちのよい風が体のなかに入ってくることを想像しながら行いましょう。
- 息を吐くときには、イライラやもやもやした気持ちを体の外へ全て出していくことを想像して。気の流れも整います。

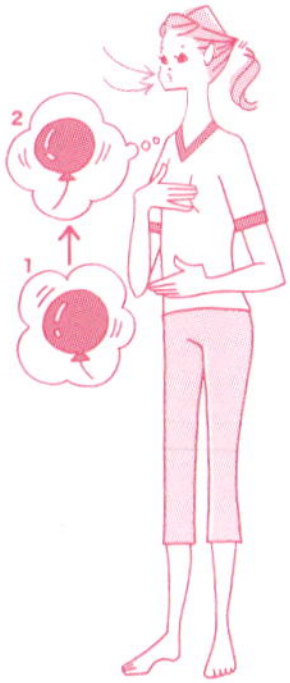

2

吸う

鼻から息を吸い、おなかにある風船を膨らますイメージで、思いっきりおなかを膨らませます。続けて、肺にある風船を膨らますイメージで、思いっきり肺を膨らませます。おなかと胸に手を当てながら、体の動きを感じながら行いましょう。

3

吐く

口から息を吐いていきます。最初に膨らんだおなかがぺったんこになるように、息をゆっくりと吐ききります。続けて、膨らんだ肺がぺったんこになるように、ゆっくりと息を吐ききります。おなかも肺も全て息を吐ききった状態を５秒キープ。②→③を数回繰り返します。

○ おなかと肺を一緒に動かすのが難しい人は、最初は、おなかだけを膨らましたり、へこましたりしましょう。おなかや肺を動かす感覚がよくわからない人は、153ページのおなかや肺を動かすポイントも参考にしてください。

集中したいときに

[インド式呼吸法]

「会議が終わって、自分の仕事に集中したい」「疲れているけれども、家事をしなくてはならない」……。このように、瞬時に気持ちをシャキッとさせたいときにおすすめの呼吸法です。

鼻腔を押さえて、呼吸

左右どちらかの鼻腔を指で押さえます。そのままの状態で、反対側の鼻腔から、息を吸って、吐く、を数回繰り返します。

P ポイント

○ 鼻がつまっていて、片側の鼻腔からだけでは、息を吸ったり吐いたりするのがやりにくい人は、鼻をマッサージするのがおすすめ。小鼻の両脇に、それぞれ左右の人差し指を当てます。そのまま、顔の内側に向かって、軽く押します。

「意識した呼吸」をより効果的に行うために

「ベーシックブレス」をよりスムーズに行うためのコツを紹介します。

◉おなかを動かすポイント◉

息を吸って、おなかを膨らますときには、思いっきりグーッとおなかを前に突き出しましょう。横隔膜が緊張して、下に下がります。おなかから息を吐くときには、おなかの皮と背中の皮がくっついたところをイメージして、おなかができるだけぺったんこになるように動かします。横隔膜が上に上がります。

ストレスを感じているときは、おなかがいつもよりもかたくなっています。外側からのマッサージよりも、おなかをふくらましたり、へこましたりして、体の内側からマッサージをしたほうが緩みやすく、気分もリフレッシュできます。

◉肺を動かすポイント◉

肺を上手に動かせていない人は、多くの場合、自分で「このぐらいかな？」と途中で吸ったり吐いたりするのをやめてしまっています。十分に息を吸ったと思ったら、そこからさらに、息を吸っていきましょう。吐くときも同じです。十分に吐ききったと思っても、そこから、もう少し吐ききってみてください。

また、立った姿勢よりも、あお向けに寝た状態のほうが、体を力まずに行うことができます。就寝前に呼吸法をやってみるのもよいでしょう。続けていくうちに「体が軽くなってきた」と感じ始めたら、十分に酸素が取り入れられるようになってきたサインです。

体は食べたものでつくられる

私たちの体は、今まで食べてきたものでできています。ですから、「体の状態を整えて、キレイで元気な自分に変わりたい」と思ったときに、食生活を見直すことは重要です。食べているものを変えれば、体も変わります。これはとても自然なことです。

体に必要なものをきちんと摂ってきた人と、そうでない人では、年齢を重ねてくると、疲れやすい、肌が荒れる……など、体に顕著な違いがあらわれます。体に必要なものが不足している人は、体内の循環が悪くなり、毒素が体にたまりやすくなります。それは、まさに、体のなかがさびついた状態で、様々な不調を招く要因です。

また、ある程度の年齢になってくると、仕事で重要なポジションになり、毎日忙しく過ごす女性も多いでしょう。成果を上げなければならないといったプレッシャーを感じ、いつも時間に追われ、打ち合わせでクライアントと外食をする機会も多いといった毎日では、ストレスがいっぱいです。このような生活環境が続くと、それだけで肝機能は疲れ、毒素を排出する機能が低下してしまうのです。

ところが、いざ、食生活を改善しようとすると、なかなか大変なのも事実です。今の時代、日本でもパリでも、お金を出せば食べたいものがすぐに手に入り、たいていものは口に入れることができます。テレビ・雑誌では毎日のよう話題のレストラン、行列ができるスイーツなどが紹介され、食べものに関する情報があふれています。「美や健康のためには食べ物に気をつけることが大事」だと頭ではわかっていても、つい流されてしまう人も少なくないでしょう。

そんな人は、今、口にするものが本当に自分の体に必要なものか、考えて食べるクセをつけてみましょう。これまで食生活を顧みることがなかった人や、ストレスの多い生活をしている人は、それだけで、代謝機能が高まったりデトックスにつながったりして、体のなかがクリーニングされていくでしょう。

「ローフード」で肌も体もイキイキ

「SHIGETA」では、健康的な食生活として「ローフード」を提案しています。「ローフード」とは、「火を通していない野菜とフルーツ」のことです。「ロー＝raw」は、「調理していない、生の」の意味で、とてもシンプルな食事です。

そもそも私がローフードに興味を持ち始めたのは、アロマテラピーの先生からすすめられ、15年ほど前に、フィリピンにあるメディカル・ヘルススパリゾートホテル「ザ・ファーム」でローフードのみの食生活体験したことがきっかけでした。私は子どもの頃からむくみやすくて片頭痛も多く、20代になってからも、寝る前にコップ一杯の水を飲んだだけで、翌朝は満月のように顔がパンパンになってしまうほどでした。大学時代には腎臓の働きをよくするための漢方を飲んでいましたが、むくみやすさは改善されず、その後も健康にいいといわれるものをいろいろと試しました。しかし、ダイレクトに体に響くものはありませんでした。

ところが、はじめて「ザ・ファーム」に行ったときに、10日間お砂糖をやめたら体が軽くなって、肌が引き締まり、2度目に行ったときに10日間ローフードにしたら、毎日のように感じていた、むくみやすさや片頭痛などの不調がなくなったのです。ローフードのメニューは、火を通していない野菜とフルーツが中心。私はフルーツも野菜も大好きだったので、食生活をローフードに変えました。最初の3年間は、自分の食生活の90〜95％はローフード。その3年で、私の体は生まれ変わりました。今でも疲れると、むくんだり、片頭痛が起こったりすることはありますが、セルフケアをすればすぐに戻ります。ローフードと出会って、自分の体の弱点とも、上手に付き合えるようになりました。そして、それが「SHIGETA」のメソッドのひとつになったのです。

みなさんも今までの食生活に少しずつ、ローフードを取り入れてみましょう。朝食をフルーツするだけでも、疲れにくくなります。

体に酵素を取り入れる

火を通していない野菜とフルーツが、なぜ、体をクリーニングして美しく元気な体をつくるのでしょうか？

そのカギを握るのが「酵素」です。酵素は、私たちが、消化、吸収、排泄を行うために必要不可欠のものです。細胞の新陳代謝やホルモンバランスの調整にも関わっています。

酵素はたんぱく質を摂ることによって自分の体でつくられますが、酵素をつくり出せる能力には個人差があり、その能力は年齢を重ねるとともに低下していくといわれています。体内の酵素が減ると消化、吸収、排泄の働きが滞り、体に負担がかかって様々な不調を引き起こします。

このように私たちの体内で重要な役割を果たしている酵素は、火を通していない野菜とフルーツにたくさん含まれています。ただし、酵素は熱に弱く、摂氏48度の熱で破壊されてしまいます。生のままで食べることで、生きている酵素をたっぷりと体のなかに取り入れられ、酵素不足を補うことができます。

さらに、食物に含まれている酵素には、もともと食物を消化する働きがあります。食物から酵素を摂れば、体内で消化のための酵素を新しくつくらなくてすみます。今まで消化のための酵素をつくっていたエネルギーを、内臓器官を動かす力＝代謝のための酵素をつくる力に回すことができるので、デトックス機能が高まり、体がクリーニングされるのです。

また、野菜やフルーツには、酵素のほかにも、私たちの体を元気にさせるものが多く含まれています。それは、生きていくのに欠かせない「水分」、エネルギーの源となる「糖分」などです。特に野菜やフルーツに含まれる糖分は、人工的につくられた砂糖と違って、体に負担がかからずに速やかに吸収されます。

普段の食事をするときには、ローフードだけでなく、いろいろなものをバランスよく食べることもよいでしょう。しかし、不調を整えるためにデトックスの集中ケアをするときには、できるだけ生の野菜とフルーツ中心のシンプルな食事にしましょう。体に負担がかからず、効率よくデトックスできます。

なお、ローフードを実践するときには、できるかぎり有機野菜を選びましょう。手に入りにくい場合には、よく洗い、皮をむきましょう。そのほかにも、ローフードにおいしく楽しくトライするポイントを紹介しますので、参考にしてください。

●たくさんの種類の野菜を摂る

野菜中心のメニューと聞くと、「葉っぱばかり食べるのは大変だし、すぐにおなかがすいてしまいそう」と不安に感じる人もいるでしょう。でも、野菜にはいろいろな種類があります。アルファルファ（糸もやし）やレンズ豆などの発芽野菜から、ピクルス、お漬物などの発酵させた野菜、切り干し大根や干ししいたけなどの乾燥させた野菜、にんじん、かぼちゃなどの根野菜などです。上手に組み合わせれば、おなかは満たされます。

フルーツに関しても、フレッシュなものはもちろん、プルーンやいちじくなどのドライフルーツを加えると満足感が増します。そのほか、アーモンドやくるみなどのナッツ類もおすすめです。

●味つけにバリエーションをつける

ローフードは、食材がシンプル。味つけにバリエーションつけると、あきずに食べられます。市販のドレッシングは塩分が多いので、ドレッシングは自分でつくるかオリーブオイルなどを使うとよいでしょう。ヘーゼルナッツオイル、ゴマ油など、オイルだけでもバリエーションがあります。しょうゆ、みそ、酢といった、おなじみの調味料のほか、レモン汁やはちみつ、ワインビネガーなども活用して。塩を使うときには、精製塩よりも天日塩など上質のものを。ハーブを加えると、風味が豊かになります。

外食をするときに気をつけたいこと

せっかくローフードを始めたけれど、外食が続いて思うような食事ができない……。そんなときでも、ちょっとした工夫で体への負担を減らし、毒素排出を促すことができます。

外食の際は、生野菜のサラダなど、火の通っていないものから食べ始めます。最初に食物の酵素が体のなかに入ることで、体内では消化の準備が始まります。

その後は、肉か魚、またはパスタなどの穀類を1種類だけ、できるだけシンプルな調理法のメニューを選びましょう。肉や魚を選ぶなら、ソースやつけ合わせのないグリルしただけのものがおすすめです。

一般的に「様々なものをバランスよく食べることがよい」とされていますが、いろいろなものを食べると、消化にたくさんのエネルギーを使います。体に負担がかかって、毒素の排出機能が滞りやすくなってしまうのです。デトックスの集中ケアをするときには、酵素を含む野菜のほかは、できるだけ食べ物の種類をシンプルにすることが重要です。

集中ケア中は、お酒やコーヒーもなるべく控えましょう。これらの飲み物も解毒に負担がかかるからです。

また、普段の外食では、デザートにフルーツを食べることも多いと思いますが、フレッシュなフルーツを食事の最後に食べることは控えましょう。ローフードでフルーツを積極的に摂ることをすすめていますが、フルーツだけを食べた場合には消化がとてもよく、酵素も体内にいれることができます。ところが、食後にフルーツを食べると、その前に食べた肉や魚が消化されるのを待つことになります。だから、消化に時間がかかるのです。食後に糖分の多いフルーツを食べると消化を待っている間に、腸で発酵し、おなかがはってしまう原因になるのです。

外食の際は、体に負担の少ない食べ方を心がけましょう。

私のオリジナルレシピ

家で簡単に素早くつくることのできる、ローフードのオリジナルレシピを紹介します。主菜となるサラダ、フレッシュな野菜をたっぷり摂れるスムージー、ちょっとおなかがすいたときに食べたいおやつ、満足感たっぷりのスープの4種類です。

ローフードを始めたばかりのときは、火を通していないものだけを食べることに、抵抗を覚える人もいるでしょう。そこで今回は、ローフードを取り入れやすくするための方法として、生とグリルした野菜を組み合わせたサラダなども提案しています。生の野菜をいっぱい食べるために、炒めたきのこや、グリルしたえびを添えるのもよいでしょう。

スムージーは、朝食メニューにおすすめ。1日のスタートには、フレッシュなフルーツだけを食べるよりも、スムージーのほうがたくさんのフルーツがとれて、満腹感が得られます。フルーツを変えるだけで、バリエーションも広がります。

ローフードでも、食事は普段通り1日3回が基本ですが、おなかがすいたときに、時々おやつを食べることはOK。フレッシュなフルーツにひと手間加えるだけで、体にやさしくておいしいスイーツができます。

主菜のサラダだけでは物足りないという人は、ちょっとボリューム感のあるスープを添えるとよいでしょう。栄養価の高いアボカドを使ったスープを紹介しますので、ぜひ試してみてください。

私は実家が美容室で、両親ともに仕事をしていて忙しかったため、小さい頃から家族の食事をつくるのが、私の日課でした。だから、食べることも好きだけれど、料理をつくることも大好き。料理をしていると、すごくリラックスできます。おそらく、食材という命のあるものに触れているからだと思います。

「体にいい料理をつくらねば……」と堅苦しく考えず、忙しい毎日のリフレッシュに楽しみながら料理をして、おいしくキレイになりましょう。

サラダ

トマトのレモンジュースサラダ

[つくり方]

① トマトを2cm角にカットして、レモンの絞り汁、細かく刻んだバジル、オリーブオイル、塩を、食べる15分以上前にあえる。

② 皿に、洗って一口大にちぎっておいたレタスと角切りにしたアボカドとキュウリ、コーン、(手に入ればブラックオリーブを半分に切ったものも)をのせる。

③ ❶のトマトを❷にかけていただく。

[材料(2人分)]

レタス　6〜7枚
完熟トマト　3個
レモンの絞り汁　1個分
アボカド　1個
バジル　3束(手に入らなければ、乾燥バジル少々)
コーン　大さじ4杯
キュウリ　1/2本
塩　ひとつまみ
オリーブオイル　大さじ4
*手に入れば、
ブラックオリーブ10粒

半熟卵の玄米サラダ

[つくり方]

①卵は半熟にゆでる。

②パプリカ、玉ねぎ、イタリアンパセリはみじん切りにする。キュウリは5mm角に刻む。プチトマトは縦4つに切る。マッシュルームは、縦にスライスする。

③炊いた玄米に、❷と、オリーブオイル、塩、白こしょうを加え、よく混ぜ合わせる。

④ベビーリーフをお皿にしき、❸を盛り、半熟卵を1人前に1個のせる。卵を少しずつつぶしながら、黄身とご飯と和えながら食べる。

[材料(2人分)]

生卵　2個
炊いた玄米　お茶碗1杯分
タマネギ　1/8個
パプリカ(赤)　1/4個
キュウリ　1/3本分
プチトマト　6個
マッシュルーム　4個
オリーブオイル　大さじ2
塩、白こしょう　少々
イタリアンパセリ　1枝
ベビーリーフ　50g

野菜のグリルサラダ

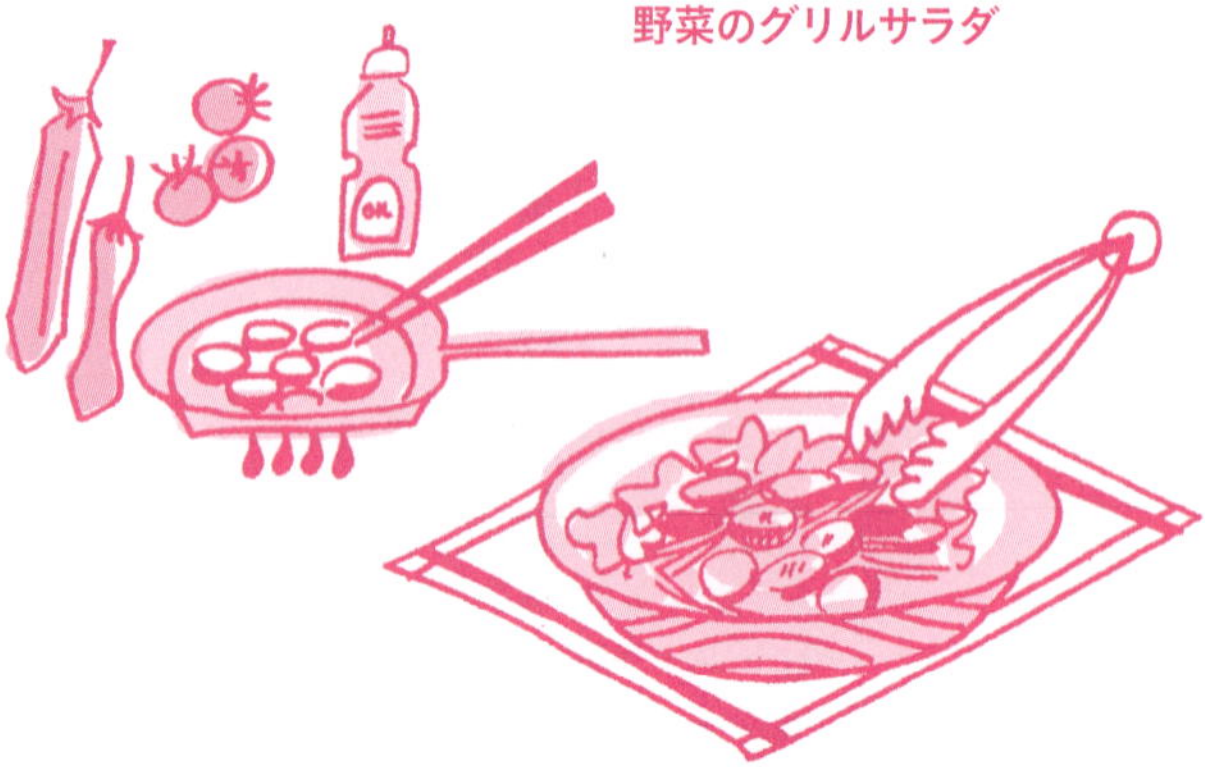

[つくり方]

①ナス、ズッキーニは5mm幅の輪切りにする。フライパンにオリーブオイル大さじ1を入れて焼く。途中でオリーブオイル大さじ1を加え、火が通ったらバジルソースと和える。

②プチトマトは形がつぶれないように、軽くフライパンでグリルする。

③ニンジンは細めの千切りにし、レタスは洗ってざっくりと刻んで混ぜ合わせる。

④オリーブオイル大さじ2、バルサミコ酢、ニンニク、塩、黒こしょうを混ぜ合わせる。

⑤❸を皿に盛り、❶と❷を乗せる。食べる直前に❹とパルメザンチーズをかけていただく。

[材料(2人分)]

レタス　6〜7枚
プチトマト　2個
ナス　1/2本
ズッキーニ　1本
ニンジン　1本
バジルソース(市販のもの)
　大さじ2杯
パルメザンチーズ　少々
オリーブオイル
　グリル用…大さじ2、
　ドレッシング用…大さじ2杯
バルサミコ酢　大さじ1
ニンニク(みじん切り)
　小さじ1
塩、黒こしょう　少々

スムージー

キウイ、リンゴ、パイナップルの
スムージー

[つくり方]

①キウイ、リンゴ、パイナップル、バナナは皮をむき、ミキサーで攪拌しやすい大きさに切る。

②❶とレモンの絞り汁をミキサーに入れて、攪拌《かくはん》する。

※好みで、フルーツの分量を変えてもOKです。

[材料(２人分)]

キウイ　1個

リンゴ　1/2個

パイナップル　1/4個

バナナ　1本

レモンの絞り汁　1個分

[ワンポイント！]

キウイ、リンゴ、パイナップルには整腸作用があるといわれています。糖質やカリウムが豊富でエネルギー源になるバナナと組み合わせることで、満足感が得られます。

グレープフルーツとイチゴの
スムージー

[つくり方]

① グレープフルーツは皮をむく。イチゴはへたをとる。バナナは皮をむき、ミキサーで撹拌しやすい大きさに切る。

② ❶にフレッシュミントの葉をミキサーに入れて、撹拌する。

[材料(2人分)]

グレープフルーツ　1個
イチゴ　10粒
バナナ　1本
フレッシュミントの葉　10枚

[ワンポイント!]

グレープフルーツには血行促進とむくみ解消の効果、イチゴには肝機能を促進させる働きがあるといわれています。デトックスしたいときに。

シトラススムージー

[つくり方]

①みかん、デコポンは皮をむく。バナナは皮をむき、ミキサーで撹拌しやすい大きさに切る。

②❶、レモン汁、おろしたショウガをミキサーに入れて、撹拌する。

[材料(2人分)]

みかん　2個
デコポン　1個
レモン汁　1/2個分
おろしたショウガ　1かけ
バナナ　1本

[ワンポイント!]

柑橘系のフルーツは、血液を浄化させる働きがあるといわれています。血液をサラサラにするのを促し、血行やリンパの巡りのよい体へと導く一杯です。

おやつ

オレンジ&シナモン

[つくり方]

① オレンジは皮をむき、1.5cm幅にスライスする。
② ❶を皿に並べ、アーモンドスライスを乗せる。シナモンパウダーをかけていただく。

[材料(1人分)]

オレンジ　1個
シナモンパウダー　適量
アーモンドスライス　適量

[ワンポイント!]

シナモンには、血行を促進させ、脂肪の燃焼を促す働きがあるといわれているほか、老化を遅らせる効果も注目されています。

彩りミックスフルーツサラダ

[つくり方]

①イチゴはへたをとり、半分に切る。オレンジは皮をむき、2㎝角に切る。ミントの葉は刻む。

②❶とドライレーズン、ローズウォーターをよく和えておく。15分ほどおいて味がなじんだら皿に盛り、いただく。

[材料(1人分)]

イチゴ　5個
オレンジ　1/2個
ドライレーズン　10粒
ミントの葉　10枚
ローズウォーター　大さじ1杯

[ワンポイント!]

材料を和えてから15分ほどおくことで果汁がブレンドされて、おいしいフルーツサラダに仕上がるので、食べる15分以上前につくるのがおすすめ。ミントとの相性も抜群です。

アボカドのカレースープ

スープ

[つくり方]

①アボカドは皮をむき、ミキサーで撹拌しやすい大きさに切る。タマネギ、ニンニクはみじん切りにする。

②❶、野菜ブイヨン、カレーパウダー、黒こしょうをミキサーに入れる。お湯を少しずつ入れながら、飲みやすいとろみになるまで、数回にわけて撹拌する。

[材料(2人分)]

アボカド　1個
タマネギ　1/16個
ニンニク　小指の爪程度
野菜ブイヨン　1個
カレーパウダー　少々
黒こしょう　少々
お湯　350ml

[ワンポイント!]

固形タイプの野菜ブイヨンを使用する際には、ミキサーで撹拌しやすいように砕いて使用するとよいでしょう。ミキサーを撹拌する際は、とろみ加減を見ながら行いましょう。

植物の生命力でセルフケア

植物に特徴や効能があることは古くから知られ、人間は植物の癒しの力を利用しながら生活をしてきました。

ハーブで傷を癒す。煎じて、体の不調を整える。あるいは、花の香りに包まれることで気分を高揚させたり、心を和ませたり……。このような処方はアジアにもヨーロッパにも、そのほかの世界の様々な国にも昔から存在します。

それらのノウハウは、現代を生きる私たちにも有効です。植物の効能を上手にライフスタイルに取り入れていくことで、体調を整えたり、心を元気にしたりすることができます。

なかでも、女性にとって人気のアロマテラピーは芳香療法といわれ、昔から親しまれてきた療法です。植物の癒しの力を手軽に実感しやすいのが「香り」だからでしょう。

落ち込んだり、不安でいっぱいのときに、何とか気持ちを切り替えようとしても、なかなか難しいものですが、香りには一瞬にして気持ちを穏やかにしてくれる力があります。いつも心地のいい香りに包まれていれば、気持ちがゆったりして、こりかたまった体もゆるんでくることでしょう。

また、香りによって、顔の表情もガラリと変わります。例えば、気持ちの重たさは、顔に表れます。特に眉間のあたりが、どんよりと重たい雰囲気になります。ところが、心地のいい香りに包まれた途端に、眉間の重たさがピカーッと抜けます。その人の顔の透明度が上がるのです。すると、見違えるほどキレイな表情になります。

植物のパワーを得るには、香りを吸い込むほかにも、肌につけたり、飲んだりする方法があります。植物の生命力を日常的に取り入れると、あなたの生命力がアップして免疫力が高まり、体質改善や病気の予防にもつながります。植物の癒しの力を信じて、香りのある生活を楽しみましょう。

アロマ製品の上手な選び方

香りを取り入れたいと思って、エッセンシャルオイルやフローラルウォーター を買いに行ったものの、種類が多くて迷ってしまった……という経験はありません か？

確かに、エッセンシャルオイルやフローラルウォーターには、いろいろな種類のものがあります。「デトックス効果のあるグレープフルーツのエッセンシャルオイルがほしい」と思って買いに行っても、お店によって商品が異なり、香りや値段も若干異なり、どれがいいのか悩むこともあるでしょう。

エッセンシャルオイルやフローラルウォーターを購入するときには、品質のよいものを手に入れることが基本です。ハーブ専門店、オーガニック製品を扱っているお店で購入しましょう。近くにお店がない場合には、専門店のサイトショップで手に入れるとよいでしょう。品質の高さを示すひとつの目安が、オーガニック表示がされていることです。

手にとって選ぶ際には、「これいいな」と思った最初のインスピレーションを大事にしましょう。どんなに効能がよくても、香りが好きになれなくては、使っていてもストレスで植物のパワーを十分に得ることはできません。自分が一番気に入った香りを選びましょう。あなたが気に入った香りは、あなたの心と体が必要としている香りです。あなたに必要なオイルは、あなたしか選ぶことができないのです。

また、カモミールとひと口にいっても、ローマンカモミールとジャーマンカモミールがあります。「自分がほしいのはローマンカモミールだったのに、自宅でゆっくりラベルを見たらジャーマンカモミールだった」といった失敗をしないためにも、お店ではラベルに記載されている植物の種類をしっかりと確認しましょう。質のよいものは、植物のラテン語名が表記されている場合が多く見られます。

香りを毎日の生活に取り入れる

お気に入りのエッセンシャルオイルやフローラルウォーターを手に入れたら、早速、毎日の生活に取り入れていきましょう。

エッセンシャルオイルの最もポピュラーな楽しみ方といえば、芳香浴。お気に入りのアロマディフューザーを使えば、部屋全体に香りが行き渡り、心地よい空間をつくることができます。ハンカチやコットンにエッセンシャルオイルを数滴垂らして、手軽に香りを楽しむのもおすすめです。以下、取り入れ方を紹介します。

●エッセンシャルオイルをバスタイムに使う

適量の牛乳にお気に入りのエッセンシャルを数滴垂らし、軽く混ぜ合わせたら、湯船に入れます。香りのよいアロマミルクバスで、心も体もリラックスして、お肌もすべすべに。エッセンシャルオイルは水には溶けないため、一度牛乳に混ぜてお風呂に入れることで、お湯に植物の有効成分が溶け出します。特に、牛乳風呂は肌がしっとりすることで知られています。一度に二つの効果が体感できます。

また、香りのないソープベース、シャンプー、バスソルトにエッセンシャルオイルを適量まぜれば、オリジナルのアロマアイテムをつくれます。

●エッセンシャルオイルやフローラルウォーターを料理に使う

オリーブオイルに、バジルのエッセンシャルオイルを数滴まぜれば、香り付きのオリーブオイルが完成。様々な料理に活用できます。また、水にミントのフローラルウォーターを適量加えて、製氷皿に入れて凍らせば、ミントの香りの氷に。飲み物に入れると清涼感がプラスされます。そのほか、魚を蒸すときに、魚と相性のよいセージまたはタイプのフローラルウォーターを蒸し器の水に入れたり、ベリー系のジャムにジュニパーのフローラルウォーターを加えれば、フルーティードリンクが楽しめます。

香りで変わる体と心

首や肩のこり、むくみ、疲れやすい、手足が冷えるといった、女性に多い体の不調を整えるには、デトックスと血行促進が有効です。また、なかなか眠れない、気持ちが落ち込みやすいといった心の不調には、ストレスケアが欠かせません。そこで、デトックス、血行促進、ストレスケアについて、おすすめの香り（エッセンシャルオイル）を紹介します。

●デトックス（特にむくみや首や肩のこりが気になるときに）

・ジュニパー

ウッディーな香り。肝機能のバランスを整えて老廃物の排出を促します。

・グレープフルーツ

柑橘系の香り。体内にためこんだ余分な水分の排出を促します。

●血行促進（特に手足の冷えやむくみがひどいときや、脚の静脈が目立つときに）

・サイプレス

森林のような香り。毛細血管の流れを改善して、静脈の働きをサポートします。

・ローズマリー

清涼感のある香り。生理痛の緩和や血行促進を促します。

●ストレスケア（特に神経を休めて、リラックスをしたいときに）

・ローマンカモミール

リンゴのような甘さを持つ香り。植物の生命力が感じられ、神経を休めると同時にパワー回復をサポートします。

・マジョラム

少しスパイシーな薬草の香り。優れたリラックス効果をもたらします。

効果をだすプロダクトづくり

いつまでもイキイキと元気で、『私の毎日って、エキサイティングだな』と感じる人が、世の中にひとりでも増えてほしい。

それが、「SHIGETA」を立ち上げたときから今も変わらない、私の願いです。

そのために自分にできることとは何だろう？　そう考えて、誰もが家でできるセルフケアの美容メソッドをつくりました。さらに、ひとりでも多くの女性が家でも理想的な形でケアが実践できるようにと、ブレンドエッセンシャルオイル、マッサージオイル、フローラルウォーター、ハーバルティー、スキンケア化粧品など、植物の癒しの力を実感することのできるプロダクトが生まれました。

私がプロダクトをつくるときには「効果がなければ意味がない」ことを念頭に置き、原料はもちろん、ブレンディングの方法にもこだわります。ブレンディングは、私とフランス人のサイエンティストとでデベロップメント（開発）をしますが、実際のハーブの効果に加え、香りや使い心地も大事にしたいので、自分の体で使ってみて、感触や効果を何度も何度もテストをします。

私がプロダクトをつくりたくなる理由は、「お客様にとって必要だから」。販売するためにプロダクトをつくるのではなく、みなさんがハッピーになって毎日ワクワクするためのツールとしてのプロダクトを生み出しています。この章の終わりに、「SHIGETA」のプロダクトの内容について、説明をしていきましょう。

●エッセンシャルオイル

エッセンシャルオイルは、植物の花、葉、果皮などから抽出された芳香を持つエッセンスです。香りを楽しむほか、肌につけることによって植物の癒しの力を得ることができます。私たちの体の外側や内側から働きかけ、心身ともに元気な体へと導いてくれます。揮発性が高く、油分やアルコールには溶けますが、水には溶けません。

「SHIGETA」のエッセンシャルオイルには、目的に合わせて手軽に毎日の生活に取り入れられるように私がブレンドをした「ブレンドエッセンシャルオイル」と、デュフューザーとして香りを楽しむ「デュフューザーオイル」があります。全てオーガニック栽培された植物からとれたオイルです。

●マッサージオイル

文字通り、マッサージをするためのオイルです。キャリアオイルとも呼ばれます。エッセンシャルオイルをマッサージで使うときには、マッサージオイルと混ぜて使います。

●フローラルウォーター

フローラルウォーターは、エッセンシャルオイルを水蒸気蒸留法で抽出した際に出てくる水蒸気を冷却してつくられているもので、上澄みが精油、下が精油に近しい成分を微量に含んだ芳香蒸留水です。「SHIGETA」のフローラルウォーターはエッセンシャルオイル同様の植物の有効成分が含まれ、作用もほぼ同じです。

●ハーバルティー

ハーバルティーは、ハーブの花や葉を煎じた飲み物です。ハーブは、それぞれに効能がありますが、煎じることによって効能を引き出すことができ、飲み物として植物のパワーを体に取り入れることができます。

第5章

美しい体には美しい心が宿る

体がさびると、心もさびる

「寝ても疲れがとれない」「吹き出物がなかなか治らない」など、病気ではないけれど、小さなトラブルを抱えている女性が増えている気がします。この10年間、私が活動のなかで「デトックス」の大切さや具体的な方法を中心に伝えてきたのは、そんな女性たちが笑顔になって、毎日を幸せに過ごしてほしいと思ったからでした。

体がさびついてくると、気持ちが落ち込んだり、ちょっとしたことにイライラしたりして、心もさびついてきます。心がさびつくと、顔がしょんぼりとします。カラダが元気でも心が元気でなければ、表情はパッとせず、顔に透明感がなくなってしまいます。心のくすみが、顔のくすみとなって表れるのです。

心がさびついた原因が「彼とのケンカ」「仕事でミスをした」といった一時的なものなら、問題を解決して心が晴れれば、顔のくすみもとれていくでしょう。ところが、職場の人間関係トラブルなど、自分ひとりではすぐに解消できない問題があり、ずっと不安定な感情を抱えた状態が続いたとしたら、外からどんなに肌をケアしても、艶やかな顔にはならないものです。体と心と顔は密接な関係にあるからです。

「体が疲れているな」「何だか調子が悪いな」と感じたら、がまんしたり、見て見ぬふりをしたりせず、「疲れたから、ちょっとリセットしてね」と体がサインを出していると受け止めましょう。そして、早めにボディケアを始めてください。第３章で紹介したセルフマッサージを行ったり、第４章を参考にライフスタイルを見直したりしながら、デトックスをするのがおすすめです。

また、「心がすさんでいるかも？」と感じたときに、私が心がけていることは「感謝すること」と「自分を大事にすること」です。

心がさびてくると、「私はつらい」といった感情でいっぱいになり、心に余裕が持てなくなります。周りの人や自分が生きている環境に感謝することも、できなくなってきます。その結果、「私は不完全な人間で、誰も助けてくれない」と思うようになり、ますます心がさびてしまいます。

私の場合、パリと日本で仕事をしていると、それぞれの国のコミュニケーションのとり方の違いで、相手に真意が伝わらず、落ち込んだり悩んだりすることが時々あります。でも、「今、自分の好きな仕事ができているのは、スタッフやクライアントや家族のおかげ」と思って、周りの人々への感謝の気持ちを改めて確認すると、「私には足りないものもあるかもしれないけれど、こんなに素敵な人や居場所があるじゃないの」と思えて、心がやすらぎ、少しずつ元気が出てきます。足元を見直すことで、自分を取り戻し、自分を大事にできるようにもなるのです。

つらいときにこそ、相手や自分の環境に感謝することを心がける。これが、さびついた体や心をよみがえらせ、イキイキとした顔を取り戻す私の秘訣です。

デトックスで自分と向き合う

仕事やプライベートで様々な女性に接しますが、最近、私と同じ30代の女性に漠然とした不安を抱えている人が多いことを感じます。「今のままの自分でいいの？　これから、私はどうなっていくのだろう？」といった、目に見えないものに対する不安です。

「自分は何をしたいのか、どうやって生きていきたいのか」を、はっきりと決めることができないので、今の状態や将来に対して心配になるのでしょう。「どうすれば『自分が何をしたいのか？』がわかるのかしら？」とつぶやく女性もたくさんいます。

もしもあなたが今、このような不安を抱えていたとしたら……。

ちょっと厳しい言い方かもしれませんが、それはたぶん、あなたが今まで、自分自身にきちんと向き合ってこなかったから。何となく学校へ行って卒業をし、就職をして、時々は「私って、これでいいのかな？」と思うことはあっても、「まっ、いいかな」

で過ごしてきてしまったのでしょう。ざわざわした気持ちと向き合うには、エネルギーが必要です。忙しくて毎日クタクタだし、とりあえずは大きな問題もない……と、言い訳をして自分の本質から目をそらしてきたのではないでしょうか。

でも、不安を抱えている自分に気づいたのなら、今が変わるチャンスです。自分は、本当は何が好きで、嫌いなのか。何にときめくのか。自分自身を見つめ直してみましょう。ただし、心と向き合っているだけでは、「事務とデザインの仕事、続けたいのはどちらだろう？」「趣味でイラストを描いてきたけれど、本当は仕事にしたい。私にできるかしら？」などと迷ったり、悩んだりして、自分の真意がわからないこともあるでしょう。そこで、おすすめなのが心で考えるより先に、体の「デトックス」です。

デトックスは、自分の体と心に真正面に向き合うことからスタートします。体にたまった毒素を排出するマッサージや呼吸法を実践していくと、体のなかが活性化されて、余分なものや不要なものが、まるで服を一枚ずつ脱ぐように、そぎ落とされていきます。また、セルフケアをすることで、自分で自分のことを気にかけたり、いたわったりするようにもなります。すると、それまで「自分が傷つきたくない、弱みを見せたくない」とつけていた心の鎧もとれていくはずです。

体がキレイになれば、心も確実にキレイになります。最後に残るのは自分のナチュラルな体と心だけ。自分に合わないものは選択できなくなり、必然的に自分が何をしたいのかがわかってきます。

実際に「ＳＨＩＧＥＴＡ」のメソッドでデトックスにトライしたお客様には、「仕事はつまらないけれど生活があるからやめられない」と考えていた方々がいました。でも、デトックス後に「自分の気持ちに正直に思い切って辞めました！」「前から興味があったフラワーデザインの勉強を始めました！」など、人生の方向転換をしたといった声を耳にします。彼女たちは、とても輝いて私に報告をしてくれます。

あなたもデトックスで自分と向き合い、不安から自分を解放してみませんか？

自分の可能性を掘り下げる

入社以来、営業のキャリアを積んで、周囲からも認めてもらえるようになった。本当は企画の仕事をしたかったけれど、私のOL生活って、こんなものかな……？

このように「私って、こんなもの」と思っている人の顔は、ちょっとくすんでいて、体もカチカチ。「人生って、こんなものだよね」と妙に納得してしまった瞬間に、チャレンジしようとする気持ちも閉じてしまいます。

女性が自分らしく元気に生きていくためには、何歳になっても自分の可能性を掘り下げていくことが大切です。

自分はこんなものだと納得して、自分で自分の天井を決めてしまうクセは、あなただけのせいではありません。家族や学校など育った環境によって、自分では意識しないうちに「女性はこうあるべき」「安定した人生がよい」「目立たないほうがよい」といった概念を植え付けられてきたのでしょう。

実際、日本には「協調性を持って、人の輪のなかにいることがよい」とされる風土も、まだ残っています。このような概念を持って生きてきた人にとっては「女性が男性よりも先頭に立って物事を進めるなんて……」「仕事で人よりも優れた成績をとって、ひとりだけ目立つなんて……」と考えるのが自然なことでしょう。「決断力があって、周りを仕切っていくような賢い女性は魅力的」「仕事ができる人は、男女問わず、カッコイイ」といった概念や生き方があることなど想像できないかもしれません。

しかし、そのとらわれから一歩踏み出せば、今とは違った面白いことやワクワクすることに出会えて、あなたの可能性は大きく広がります。

一歩踏み出すには、１９１ページでもお話ししましたが「自分はどのように生きたいのか？」を今一度考えてみてください。そして、自分の体と心と上手につきあうこと。体をケアしながら心を研ぎ澄ませ、「生活」ではなく、「生きる」ことに対する自分の本心を明確にすることがポイントです。

実は、私も年を重ねることで、自分の考えに対して固執する傾向が強くなりがちです。私の場合、「これが絶対にいい！」と信じているものだけをみなさまに自信を持ってプロダクトとしてお届けすることができます。反面、「こうあるべき」という考えにとらわれすぎてしまうと、新しいものは生まれてきません。自分の概念を破壊することで、新しいものは生まれます。

自分の信じてきたものを壊すのには、勇気がいります。でも私は、「よりよいプロダクトがつくれなくなるかもしれない。今よりももっと心と体を元気にするマッサージが生みだせなくなるかもしれない」ことのほうが恐怖です。いいものをつくり続けていくには、自分のフィールドを常に広くしておきたい。だから思い切って、自分の価値観に執着しないようにしています。すると、色々なことが受け入れられるようになり、目標に向かってどんどんと前へ進めるようにもなったのです。

「守りに入る」という言葉があります。守ってばかりいるとマイナスはないけれど、プラスもありません。それって、つまらないと思いませんか？　もちろん、常に挑戦し、攻め続けてばかりでは疲れてしまいます。ときには守りも必要でしょう。私もいつも価値観を壊しているわけではなく、周期的に「このままではいけない」と思ったときに新しいチャレンジをしています。

勇気を持って一歩を踏み出せば、毎日がもっと楽しく元気で、キレイになれるはずです。

コンプレックスを受け入れることから始めよう

私は以前、「脚が太い」ことがコンプレックスで、スカートがはけませんでした。周囲から「脚、太いとね」と言われていて、自分でも「本当にそうだな。どうして、こんなに足が短くて太いのだろう？」と思っていました。

ところが、脚が太いことを意識して下半身のケアを始めたら、脚が私に大事にされていると思ったのか、少しずつむくみがとれて、締まってきたのです。2年前には、少し自信がついてはじめてひざ上丈のスカートをはきました。

目が小さい、唇があつい……など、何かコンプレックスを抱えている人はいっぱいいるでしょう。そのほとんどが、目が小さいから、嫌い」「唇があついから、鏡を見たくない」と、気になる体のパーツを嫌がっているだけで終わっているのではないでしょうか？

そこからちょっと踏み込んで「目が小さい。唇があつい。でも、その目や唇も含めて自分の顔」と認め、受け入れられるようになると、目が大きくなったり、唇が薄くなったりするわけでもないのに、女性的な魅力がアップしていきます。

その秘密は、コンプレックスを受け入れることで、自分の体に意識を向けるようになり、きちんとケアしようという気持ちが出てくるからです。

「小さくて好きにはなれない目だけれど、マッサージで血行をよくして、クマのない目元にしよう」、「あつくてかわいくない唇だけれど、乾燥するとかわいそうだからお手入れをして、フェミニンな口元を目指そう」と思ってケアを始めると、体は喜んで、あなたの気持ちに応えてくれます。逆に、自分のコンプレックスをずっと「嫌だ」と思っていると、体は嫌われていると感じて、元気のない、さえない状態になってしまいます。

これは、体に対するコンプレックスに限ったことではありません。自分の行動についても同じです。例えば、自分を変えたくて、３週間のデトックスプログラムにチャレンジしたとします。ところが、１週間で挫折してしまった……。そのときに「私って、なんてダメな人間だろう」と自分を否定したり、罪悪感を持つ人は多いことでしょう。

でも、挫折した自分も含めて自分なのです。そこを受け入れないと「また挫折してしまうかもしれない」と、次のチャレンジができなくなってしまいます。誰にでも、よいところもあれば、悪いところもあります。体のパーツや行動のひとつひとつを、よいか悪いかジャッジするのではなく、「そういうところが自分にはあると認める」ことが重要です。

つまり、コンプレックスとは「自分の短所を受け入れられないこと」です。短所をそのまま受け入れられれば、次のステップへ進めます。

ちなみに、フランスの女性は、日本人に比べて太りやすいのに、日本の女性ほど、二の腕やヒップなどのパーツについては気にしません。自分が周囲にどう見えるかを、グローバルにとらえているからです。日本でも自分が気にしているほど、周りはあなたの細かい体のパーツを見てはいないもの。パッと出会ったときの全体の印象のほうが大事です。

挫折しそうになったら、やめてみる

マッサージや呼吸法、ローフードなど、最初は積極的にセルフケアに取り組んでいたけれど、途中で続けることがつらくなるときもあるでしょう。**挫折しそうになったときには、続けられない自分を責めずに、まずは自分の気持ちを素直に認めてあげましょう。**

そして、原点に立ち返り、「何のためにやっているのか？」を思い出してください。

「おなかを引き締めたいと思ったから」「友人の結婚式までにやせると決めたから」など、取り組みはじめた目的を再確認し、「そうだった！　そのためには、セルフケアをしたいよね」と思ったら、自然とまた取り組めるようになるでしょう。

「あれ？　何で、私はセルフケアをしているんだろう？」、あるいは「毎日セルフケアをしなければならない。でも、続けるのはつらい」、「セルフケアなんて、やらなくてよかった」といった思いが頭に浮かぶようなら、一度、セルフケアは全てやめてしまいましょう。ガムシャラに続けようとするのではなく、しばらくお休みして「またセルフケアがしたいな」という気持ちが出てくるまで放っておいてみてください。なぜなら、継続することが目的なのではなく、自分のキレイを育てることがセルフケアの目的だからです。

また、セルフケアにトライした方は、それがキレイにつながることは十分にわかっているはずです。変わりたいという気持ちもあるでしょう。それなのに「続けるのが大変で結果も出ない」と感じるときには、やり方が違っていたり、ケアすることに飽きてしまったり、何か原因があります。軌道修正が必要なサインです。

毎日5分、気になるおなかのマッサージだけをしていたなら、週末におなかだけでなくて上半身全体のマッサージをやってみる。夜にマッサージをしていたのなら、朝に変えてやってみる。マッサージを重点的にやっていたなら、呼吸法をプラスしてみる。このようなちょっとした工夫で、セルフケアを楽しく続けられ、結果が出始めるものです。挫折にこそ、美へのヒントが隠れています。

1年の終わりに「振り返り」をする

いつもは元気でアクティブな私ですが、メイクやおしゃれをあまりしたくないときや、笑顔が出ないときもあります。でも、そんな自分になるには何か理由があるはず。だから、元気がなく笑顔が出ない自分を否定せず、今日はそんな自分なんだなあと認めます。そして「なぜ元気がないの？　スマイルが出ないの？」と自分に問いかけてみます。

「だって、昨日傷ついたじゃない？　人にも会いたくないし、一日中、家にいたい気分……」。そう心の声が答えたら「そっかあ。それじゃあ、今日は私が私に寄り添ってあげるね」と答えて、自分自身を抱きしめます。これだけも、ホッとして、心が満たされていくのを感じます。

元気なときは「自分のことは自分でできて当たり前。自分よりも仕事や家族の心配」となってしまうもの。しかし、自分を振り返り、心に寄り添ったり、ほめてあげたりする時間も、キレイな体と心のために、とっても大切なことです。

そこで私は、1年の終わりに、必ず「振り返り」をしています。1年間のアジェンダ（スケジュール帳）を1月1日〜12月31日まで1ページずつ見ながら、今年、自分がどんなことをやったのか、一覧にして書き出すのです。

「新しいプロダクトを世の中に出すことができて、多くに人から喜びのメッセージをいただいた」「台湾でイベントを開催して大成功だった」「著書を出版して、『SHIGETA』のファンが増えた」……。改めて一覧にすると、忙しい毎日ではゆっくり見つめ直す時間がなかったけれど、結構、いろいろなことに取り組んでいたことに気づきます。

「それぞれに取り組んでいたときは大変だったけれど、私ってよくがんばったね」

そんなふうに、自分がやったことを、自分で認めてあげる瞬間です。

あなたも1年の終わりに限らず、「疲れたな、今日はがんばれないかも？」と思ったときには、振り返りをしてみてはいかがでしょう。明日からの元気がわいてきます。

感情ひとつで女性は変わる

女性は男性よりも感情的だといわれますが、確かにそうでしょう。でも、女性にとってエモーション（感情）は美や恋愛、仕事などの原動力になる大事なものだと思います。

私にとって、エモーションはエネルギー。うれしいこと、楽しいことがあれば、それがエナジーになって、今よりももっと積極的に仕事に取り組めます。エナジーによって動き出せば、次第に仕事に対するパッション（情熱）が生まれてきます。このように、感情は、自分の行動にダイレクトに作用します。

人間の様々な感情のことを「喜怒哀楽」といいますが、私が考える「美」の中身は、喜びの感情。「体が喜んでいる」「心が喜んでいる」「肌が喜んでいる」といった状態です。

一方、女性をみにくくさせるのは、怒りの感情です。怒りの感情から美が生まれるとしたら、嫉妬や憎しみを原点にした美でしょう。でも、それは私の目指す「健康的に積極的に自分をつくっていくための美」とは違います。

ただし、怒りの感情を持たずに生きていくのは簡単なことではありません。重要なのは、怒りの感情をひきずらないようにすることです。いつまでも怒りの感情を抱えていると、せっかく磨いてきた美まで失ってしまいます。

もともと日本人は、瞬発力に弱く、長期戦に強い傾向があって、怒った瞬間は「何だかよくわからないけれど、上司に頭にきた」で終わってしまいがち。自宅に帰ってから「あのとき、上司にはっきりと自分の意見を言うべきだった」となり、いつまでも感情をひきずってしまいやすいのです。

そうならないためには、「すごくムカついた!」で終わるのではなく、なぜ怒りの感情がわいたのか、その感情の源を探ることです。それも「あのとき、上司が私に『やる気があるのか!』と怒鳴ったから、ムカついたんだ」でとどまるのではなく、相手の言葉や態度に対して「自分は何を望んでいたのか」をやんわり探ってみるのです。すると、「がんばっていることを、理解されたかった」「上司に、やさしく接してほしかった」「私のやり方を受け入れてほしかった」といった、怒ったときのあなたの気持ちが見えてくるはずです。

このなかの「理解されたかった」「やさしくしてほしかった」「受け入れられたかった」などの気持ちは、誰もが持っている人間としての欲求でしょう。だから、それに応えてもらえないと、怒りの感情がわいてくるのは自然なことです。

怒った理由がわかると、不思議なことに、怒りの感情がスーッと消えて、昇華していきます。起きたこと自体は変わらないのに、そこにもう怒りの感情はありません。怒った理由がわからずにイライラしていたときよりも、気持ちがラクになっているはずです。

生きていれば、喜びや楽しみだけではなく、怒りや悲しみがあるのは当たり前。でも、喜びや楽しみに比べて、怒りや悲しみは心に重たく残ります。重たいものを抱えていると、体も心も疲れます。重たい感情はなるべく早く昇華して、軽くしてしまいましょう。

私が前向きな気持ちになれること

自分の感情と向き合うのに疲れるときってありますよね？　そんなときには、自分が心地よくなることをして、リフレッシュしましょう。

私を前向きな気分にさせてくれるものは「フルーツ」と「日の光」です。

フルーツは、もともと大好きで、食べているとまさに体のなかから活性化されてきて、パワーがわいてくるのを感じます。第4章でも、フルーツを使ったオリジナルレシピを紹介していますので、ぜひ参考にしてくださいね。

日の光は、特に午前中の太陽から放たれる光が好きです。あの何ともいえないやさしい光を浴びたり、自分の目に入ってきたりすると、体も心のなかもポカポカしてきます。すると、感謝の気持ちがわいてくるのです。

わざわざ日光浴をする時間を設けなくても、仕事へ行く途中にふと立ち止まり、自分が光を浴びていることを感じると、自然に「ありがとうございます！」という思いが出てきます。その瞬間、一気に前向きな気持ちに変わるのです。

「歯車がかみ合わない、空回りをしてしまう」といった状況で何事もうまくいかないときには、自分の中心にパワーを集められる「呼吸」を意識しましょう。この場合は、きちんと呼吸をする時間をとって、瞑想をしながら意識した呼吸をします。意識が自分の中心に集まると、自分が、今、向き合うべきことが確認できて、物事がうまく回り始めます。

また、自分をニュートラルな状態に戻してくれる「旅」もオススメです。カルチャーショックという言葉があるように、旅に出て新しいカルチャーに触れると、自然に「自分がこう考える」といった概念がよい意味で壊されていきます。地元の人と触れ合い、コミュニケーションをとっていると、思わぬ場面で、自分の価値観をくつがえされることもあります。その経験が、私をニュートラルな自分に戻してくれます。

あなたの前向きになれる方法は、どんなことですか？

女性として受け入れられると体が喜ぶ

「恋をすると美しくなる」と言いますが、恋愛は、喜びや楽しみの感情がわいてくる大イベントです。テンションが上がり、いつも見ていた電車からの風景が、カラフルに彩られた世界に見える……。すごく素敵なことだと思います。

このようなときは、肌の調子もいいものです。「今、自分は彼に好かれて大事にされているかも？　うれしい！」といった気持ちの盛り上がりは、女性をキレイにします。

私のパリのクライアントに「彼を見つけたいから、もう少しシェイプしていい女になろう」と思っていた方がいました。彼女はバリバリと仕事をしていて「彼ができたら、いつデートをするのだろう？」というくらい忙しい人。でも、とにかく「自分を磨く」をテーマに、デトックスのセルフケアにトライ。私も何度か彼女の家へ通って施術をしました。念願叶って何キロかダウンし、スリムになっていったのです。

ちょうどそのくらいから、彼女の体が以前とは劇的に変わってきました。血行が悪くてカチカチだった体が、ゆるやかで血の巡りのよい体になったのです。マッサージをしていると、まるで体からウキウキやワクワクが音符になって出てくるよう。あまりの変化に驚いて「何があったの？」と尋ねると、実は、少し前に彼ができていたとのこと。これほどまでに、恋愛がもたらす感情は、体に対して顕著な変化をもたらすのです。

たぶん、キレイになりたい女性にとって一番大事なのは「女性として見られる」ことなのではないでしょうか。自分の好きな男性に「女性として受け入れられること」。それは、女性なら誰もが持っているニーズです。これが満たされるかどうかで、キレイになるスピードを大きく左右します。恋愛がずっと続くのがベストでしょう。

その点は、フランス人は本当に上手です。結婚して子どもが生まれても、子どもをあずけて二人だけのデートの時間をつくるなど、いつまでも男と女でいる努力をします。日本の夫婦も見習ってほしいですよね。

キレイの種を育てて、エキサイティングな人生を！

「SHIGETA」のオリジナル・メソッドはいかがだったでしょうか？

私が「SHIGETA」を主宰している一番の目的は、「自分の人生に満足し、前向きに生きている人を増やすこと」です。セルフケアによって、ただキレイになるだけではなく、鏡を見たときに「私って、結構イケてる！」と笑顔になり、そんな自分にワクワクして「毎日が楽しい！」と感じるようになってほしい。そのためにも、自分だけが持っているキレイの種を大切に育てていってください。

ポジティブでキレイな女性が世界中に増えることを願っています。

2013年1月

チコ シゲタ　CHICO SHIGETA

チコ シゲタ　CHICO SHIGETA

SHIGETA主宰。

パリを拠点に世界中のセレブリティー、アーティストのパーソナルコーチとして活動する傍ら、大手化粧品会社のコンサルティングやブランドスポークスマンとして活躍。効果の出るオーガニックコスメブランド「SHIGETA」とオリジナルセルフケアメソッドで世界中の女性のキレイをサポートしている。著書に『パリが恋した100%デトックス』(マガジンハウス刊)、『Chico式1週間デトックス』(講談社)などがある。

本書は、『パリで一番予約の取れないセラピストが教える
SHIGETA美容バイブル』（2013年1月／弊社刊）を
文庫化したものです。

マイナビ文庫

パリで一番予約の取れないセラピストが教える
SHIGETA美容バイブル

2016年4月30日　初版第1刷発行

著　者　チコ シゲタ
　　　　CHICO SHIGETA
発行者　滝口直樹
発行所　株式会社マイナビ出版
　　　　〒101-0003 東京都千代田区一ツ橋2-6-3 一ツ橋ビル2F
　　　　TEL 0480-38-6872（注文専用ダイヤル）
　　　　TEL 03-3556-2731（販売）／TEL 03-3556-2736（編集）
　　　　E-mail pc-books@mynavi.jp
　　　　URL http://book.mynavi.jp

カバーデザイン　米谷テツヤ（PASS）
イラスト　青山京子
印刷・製本　図書印刷株式会社

底本ブックデザイン　河合千明
底本編集・制作　加曽利智子
底本企画・編集　佐藤 望

ISBN978-4-8399-5929-6
Printed in Japan

M Y N A V I **B U N K O**

色と香りのミラクルメソッド

幸せを呼ぶ アロマ×カラーセラピー

色映みほ 著

色には潜在意識とチャクラの示すメッセージが表れ、香りには本能に訴えかけ心を癒す力があります。カラーセラピーと色彩心理学の理論をベースにアロマテラピーの心理作用を組み合わせた独自のミラクルメソッドが、的確かつ具体的にあなたを癒していきます。カラーセラピー、アロマテラピーに興味のある人、言葉にならない悩みやモヤモヤを抱えている人、そして「なんだかこの本が気になる!」と思う人に。

定価　本体888円+税